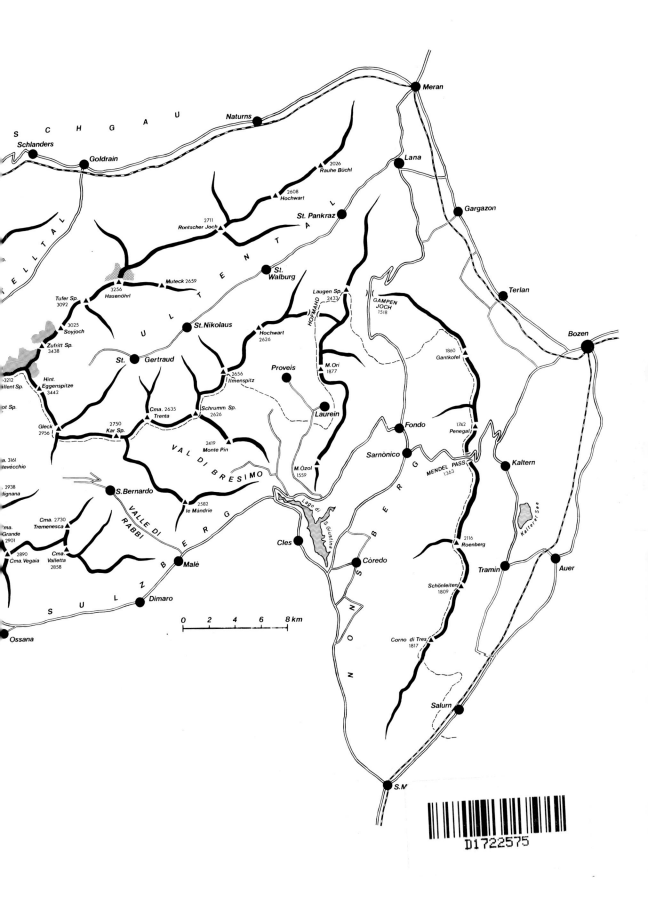

unserem Bergkameraden

Klaus Pusch

zur Erinnerung an den
20. Kurs bei der
Hochgebirgsschule Tyrol

1979

Umschlaggestaltung: R. Prünster, Bozen
Gesamtherstellung: ATHESIADRUCK, Bozen
ISBN 88-7014-081-4

ORTLER

Gipfel - Täler - Menschen

von

Ernst Höhne

VERLAGSANSTALT ATHESIA · BOZEN

Bild Doppelseite vorher: Ortlergruppe vom Weg zur Rötlspitze. Links Ortler, unter ihm Ortlerferner, rechts der Ebenferner

Ortler — Gipfel, Täler, Menschen

Der Name Ortler läßt viele Mitteleuropäer aufhorchen, denn er gehört einem der ganz großen, berühmten und typischen Alpenberge. Dem Bergfreund steht dieser Bergriese verständlicherweise noch viel näher, so daß für ihn Tatsachen und oft persönliche Erinnerungen mit dem Ortler verbunden sind. In beiden Fällen ist der Berg Ortler gemeint, der mit 3902 Metern der höchste Tiroler Gipfel ist und über längere Zeit sogar Kulminationspunkt des Kaiserreiches Österreich-Ungarn war.

Der Begriff Ortler ist jedoch weit umfassender als der eines herausragenden Einzelberges. Das kommt schon dann zum Ausdruck, wenn der Bergsteiger »in den Ortler« fährt, womit er die Berge um den Ortler, genauer die Ortlergruppe, meint. Da aber unter Ortlergruppe die meisten Menschen eben nur die Berge in nächster Nähe des Ortlers verstehen, ist für das ganze Ortlergebirge, dessen logische Umgrenzung von tiefeingeschnittenen Tälern gebildet wird, ein »größerer Name« angebracht, der den beachtlichen Umfang besser ahnen läßt. Ortler-Alpen scheint der geeignete Oberbegriff zu sein, der zum Ausdruck bringt, daß nicht nur von den nächsten Ortler-Trabanten die Rede ist, sondern eben von einem eigenständigen, großen Gebirge, das von Ausmaßen und Höhe her würdig ist, neben Bernina-Alpen, Ötztaler Alpen u. a. zu stehen.

So ist auch der Begriff Ortler zu verstehen, den dieses Buch beschreibt. Allerdings mit einer zusätzlichen Erweiterung: die Täler in und rings um die Ortler-Alpen, die gleichzeitig ihre Grenzen bilden.

Selbst wenn man weiß, daß es sich um die gesamten Ortler-Alpen und die umliegenden Täler handelt, wird man sich anfänglich keine rechte Vorstellung von der fast unglaublichen Vielgestaltigkeit, von der Ausdehnung, von den Kontrasten, von der riesigen Spannweite zwischen den Extremen dieses Gebirges machen können. Über 3600 Meter Höhenunterschied liegen zwischen dem niedrigsten und dem höchsten Punkt. Das ist zwar für den Kenner eine beeindruckende Angabe, doch für die Mehrheit bleiben Zahlen im allgemeinen dürr und leblos. Die folgenden Seiten sind lebendiger, gefüllt mit farbigen Bildern und Texten, die beide zusammen Größe und Schönheit der Natur der Ortler-Alpen im Ausschnitt zeigen, aber auch die Menschen und ihre Werke nicht vergessen. Doch im Vordergrund stehen die Gipfel, die Gletscher und die Täler unter ihnen, die — alle zusammen — eine Alpenlandschaft bilden, die zu den großartigsten, aber auch liebenswertesten gehört.

Ernst Höhne

Die beiden Bilder auf den folgenden Seiten zeigen die Königsspitze aus dem Suldental am Tag und in der Nacht

König Ortler

Ob man aus den Berninabergen oder vom Adamello, aus den Ötztaler Alpen oder der Piazzi-Gruppe zum Ortler schaut, immer ist er in weitem Umkreis der höchste, mit dem sich kein anderer Gipfel messen kann. Dazu kommt seine typische und so wuchtige Erscheinung, die ebenfalls viel beigetragen hat, ihn als König zu betrachten. Als höchster, mächtigster und gletscherbedeckter Gipfel erscheint er nicht nur von den Bergen her! Auch manchem Tal präsentiert er seine Größe, vor allem dem obersten Etschtal, durch das schon vor Jahrhunderten einer der bedeutendsten Handelswege Europas lief. Etwa vom Reschen bis in die grüne Talweitung von Glurns und Schluderns hat man den Ortler im Blickfeld. Wie viele wackere Kriegsknechte und schwitzende Fuhrleute mögen in vielen Jahrhunderten bei seinem Anblick froh gewesen sein, nicht dorthinauf zu müssen? Wie viele Bergfreunde werden ihm schon sehnsüchtige Blicke entgegengeschickt haben? Doch allen übereinstimmend wird der Ehrentitel König fast selbstverständlich erschienen sein.

Bei dieser für alle sichtbaren, alles andere überragenden Prachtgestalt ist es kein Wunder, daß sich auch mythologische Geschichten um ihn gebildet haben. Wie auf viele sehr hohe, oft wolkenumzogene und gelegentlich unsichtbare Berge — man denke nur an den Olymp —, versetzte man auch in der keltischen Sage wenn nicht Götter, so doch irgendwie herausragende Menschen auf den Ortler, nämlich die Stammesfürsten, die dort auf die Aufnahme ins Paradies warten sollten. Schade, daß zusammen mit dieser Überlieferung nicht der ganz alte Ortlername erhalten geblieben ist.

Daß der Ortler seine heute übliche Bezeichnung von der Nordseite her bekommen hat, ist eigentlich selbstverständlich, denn nur von dieser Seite ist er von vielen Stellen in seiner ganzen Pracht zu bewundern, während er aus den südseitigen Tälern nicht zu sehen ist, weil andere, nähere Gipfel ihn verdecken. Schließlich steht er auch nördlich der historischen und auch heute gültigen Grenze Tirol-Lombardei. Der Ortler ist also ein Tiroler.

Der Name Ortler dürfte sich vom Wort Ort herleiten und ganz speziell vom Ortler-Hof im Suldental. Er könnte seine Wurzel in Ortnit oder Ortwin besitzen. Die heute gebrauchte italienische Version Ortles war in früheren Jahrhunderten auch in Tirol — wenigstens teilweise — üblich. Im Jahr 1704 bezeichnete Anich in seinem »Atlas Tyrolensis« den Ortles als den »höchsten Spiz« in ganz Tirol. Das deutet aber nicht auf eine ältere Version des Namens hin, sondern dürfte den sprachlichen Neigungen eines Teils der früher rätoromanischen Bewohner entsprungen sein, die das germanische r am Schluß eines Wortes gern in s abwandelten. S ist eine sehr häufige rätoromanische Endung und auch heute noch in weiten Teilen Tirols für Örtlichkeitsbezeichnungen üblich. Auch die Erklärung mit dem deutschen Genitiv »des Ortle(r)s« wird von Autoritäten vertreten und ist mindestens eine geistvolle Version. Eine andere italienische Bezeichnung, Ortelio, ist kaum mehr anzutreffen. Obwohl diese oben genannten Erklärungen durchaus plausibel wirken, muß es doch verwundern, daß der Name dieses einzigartigen Berges erst so spät — vor etwa 800 Jahren — entstanden sein soll.

Da der Ortler schon seit langem als höchster Berg Tirols bekannt war und er mit seiner einzigartigen Gestalt aus dem Vinschgau so eindrucksvoll zu sehen ist, mußte er natürlich schon in der ersten Zeit der noch jungen Bergbegeisterung als großes Ziel gelten. Der letzte Anstoß zur ersten Ortlerbesteigung ging von Erzherzog Johann aus. Aber erst nach sechs vergeblichen Versuchen glückte der Ortler-Gipfelsieg. Er fiel dem fast legendären Pseyrer Josele, genauer Josef Pichler aus dem Passeiertal, zu. 1804 erreichte er von Trafoi über die Hinteren Wandln den Gipfel. Welche Leistung das gewesen sein muß, kann sich jeder Bergsteiger ausmalen. 2400 Meter Höhenunterschied in 8½ Stunden, ohne den Weg zu kennen — er mußte erst die Route suchen — über Gletscher und ohne jede Ausrüstung im Sinn von heute! Kein Seil, kein Pickel, keine Bergschuhe, keine entsprechende Kleidung! Und das in einem Schwierigkeitsgrad, der wohl etwa um III gelegen war! Schon ein Jahr später stieg der Pseyrer Josele mit seinen Begleitern wieder auf den Ortler, diesmal von Sulden über den Suldenferner und den Hintergrat. Im Jahr 1805 führte er dann auch Dr. Gebhard, der im Auftrag Erzherzog Johanns die Ortler-Besteigung in die Wege geleitet hatte, über den Hintergrat auf den König Ortler. Die nun folgende Zeit der Freiheitskriege und ihre Auswirkungen — vielleicht aber auch ungünstige Wetterperioden oder andere Gründe — ließen keinen Menschen auf den Ortler; erst 1826 führte der Pseyrer Josele wieder einen Herrn hinauf, wie beim ersten Mal über die Hinteren Wandln. Und 1834, mit 70 Jahren, stand er zum letzten Mal mit dem später berühmten Professor Thurwieser (nach dem Thurwieserspitze und Thurwieserjoch benannt sind) auf dem Ortlergipfel. Damit war die erste, die »Pseyrer-Josele-Phase« der Ortler-Eroberung zu Ende. Es trat für dreißig Jahre Ruhe ein, für die es keine andere Erklärung gab, als das Fehlen begeisterter und auch wagemutiger Alpinisten; oder es waren ungünstige Wetterverhältnisse, die zur Zeit des Gletschervorstoßes zu verstehen wären. Um die Mitte des 19. Jahrhunderts hatte sich das Erobern hoher und schöner Gipfel teils aus romantischer Naturbegeisterung, teils aus sportlichen Motiven weiter entwickelt und verbreitet. Anfangs nur von Schweizer Bergen angezogen, entdeckten die Engländer auch Ortler, Dolomiten und andere Gebirge der Ostalpen. 1864 erreichten Tuckett und Buxton mit Schweizer Führern über das Bergl und die Hohe Eisrinne den Gipfel, und Headlam — ebenfalls Engländer — auf einem anderen Weg auch über die Westseite. Ein Jahr später standen Mojsisovics und Payer, nach dem die Payer-Hütte benannt wurde, auf dem Ortler, und in den folgenden drei bis vier Jahrzehnten wurden praktisch alle Anstiege von Bedeutung begangen. Der Strom der Ortler-Besteiger schwoll an, und schon 1875 wurde die später mehrmals erweiterte Payer-Hütte erbaut. Es hat sich ein Normalweg eingeführt, auf dem tatsächlich schon mehrere Tausend Menschen den Ortler bestiegen haben, während die anderen, teils sehr schwierigen Anstiege nur wenigen vorbehalten sind. Der Normalanstieg des Ortlers steht in dem Ruf leicht zu sein. Das trifft tatsächlich nur bei besten Verhältnissen zu. Vor allem durch die allgemeine Gletscherschrumpfung ist der Obere Ortlerferner spaltenreicher geworden; außerdem

Auch aus größeren Entfernungen be-
eindruckt der Ortler durch seine mas-
sige Form und seine Höhe, mit der er
alle Nachbarn überragt. Unter seinem
Gipfel steht die Kirche von Planeil, das
bereits in den Ötztaler Alpen liegt.
Rechts des Ortlers setzt sich der Ortler-
kamm über mehrere Gipfel von über
3400 m Höhe nach Westen fort und
endet dort schon in der Nähe von
Bormio.

machen Neuschnee und Eis den Felsenweg gefährlich. Das soll eine Warnung sein, den Ortler-Normalanstieg zu unterschätzen! Neben die Spalten- und Vereisungsgefahr treten noch die Wetterrisiken, die schnell heraufziehenden Schneestürme und sichtversperrenden Nebel.

Neben dem Normalweg von der Payer-Hütte zum Gipfel des Königs existiert noch eine ganze Reihe anderer, teils landschaftlich und bergsteigerisch großartiger Routen auf den Ortler. Wege darf man in diesen Fällen nicht sagen, denn das würde die Verhältnisse verharmlosen. Die Begehungen fast aller Anstiegsrouten sind Unternehmungen, die nur erfahrene und gutkonditionierte Bergsteiger wagen sollen. Daß der König Ortler tatsächlich von allen Seiten schon bestiegen worden ist, sollte den Respekt vor diesem Eisriesen nicht mindern, denn fast alle Anstiege sind — auch bei guten Schnee- und Wetterverhältnissen — schwierig. Die landschaftlich großartigsten Anstiege sind die vom Hochjoch zwischen Zebrù und Ortler und über den Hintergrat, von dem normalerweise allerdings nur der obere Teil überschritten wird. Der schwierigste Ortler-Anstieg — gleichzeitig einer der gefährlichsten der Alpen überhaupt — ist die Nordwand, deren Betrachtung mit dem Fernglas einem schon das Grauen lehren könnte. Hans Ertl, der Erstbeger dieser Wand, bestätigt das: »An dieser 1400 m hohen Wand, einer lotrechten Eismauer, zu deren beiden Seiten reiche Vorräte an Stein- und Eisschlag-Munition in den Wülsten und Überhängen vorbereitet sind, haftet das Auge des gewöhnlichen Sterblichen nur mit Grauen. Und wer dem Toben und Heulen der Stein- und Eislawinen gelauscht, die von Zeit zu Zeit die Wand herabdonnern, die Steinlawinen vom Rothböckgrat links und vom Tschirfeck rechts, die Eislawinen von den Überhängen in der Rinne und am Ortler, der wendet entsetzt den Blick weg von dem schaurigsten aller Erdenwinkel und kann verstehen, daß es bisher keinem Menschen gelang, sich dort in einem Lotteriespiel einen Weg zum Ortlergipfel zu erkämpfen.« Diese Beschreibung zeigt nicht nur das westalpin-wilde Gesicht dieses Berges, der zu Recht ein König genannt wird, sie wirft auch die Frage des Sinns und der Berechtigung eines solchen Wagnisses auf und rührt so an den Grundfesten des Alpinismus, wie man ihn bisher betrachtet hat.

Man sagt im allgemeinen sehr hohen Bergen nach, ein weniger aufregendes Panorama zu besitzen als viele niedrigere. Das trifft beim Ortler sicher nicht zu, wobei es schwierig ist, nur einen Grund dafür anzugeben. Wahrscheinlich sind es mehrere Faktoren, die das Erlebnis der Ortler-Gipfelschau so eindrucksvoll machen, vor allem der Zusammenklang der Talblicke mit dem Gipfelpanorama, das von den Hohen Tauern bis zu den Berner Alpen reicht. Eigenartigerweise erblickt man nur im Norden Täler, Trafoier Tal, Suldental, Obervinschgau, Malser Haide und die beiden Seen Haider See und Reschensee. Das macht die Behauptung, der Ortler sei ein Tiroler Berg, verständlicher. Von den anderen Gebirgen ragen die Ötztaler Alpen mit der scheinbar alles überragenden Weißkugel heraus, die Dolomiten erscheinen wie eine aus dem Dunst ragende Trümmerwildnis aus Klötzen und Türmen, als dunkler Stock ragt die Brenta, neben der der Kamm der Presanella und die ebenen Gletscherfelder des Adamello — vor allem der Mandrongletscher — liegen. Dann folgen neben den Zacken der Bergamasker Alpen die Grosina-Alpen mit der Cima de' Piazzi, flankiert von Eiskuppen und Felszacken, worauf sich die Reihe der weißen Berge über blaugrünen Hängen und Kuppen zur Bernina aufschwingt. Dieses höchste Gebirge der Ostalpen ist zweifellos die Krönung der Gipfelschau von Höhe und Formen her, wenn auch rechts von ihr noch höhere Gipfel der Berner Alpen mit Finsteraarhorn und Lauteraarhorn herschauen, freilich aus einer Entfernung von 180 km Luftlinie. Dann kommen die Engadiner Berge, hinter denen die Silvrettagruppe mit dem typischen Piz Linard steht, und beim Reschenpaß schließt sich der Kreis eines Panoramas, dessen Genuß zu den schönsten Stunden eines Bergsteigerlebens gehört. Die Schau vom König Ortler ist wirklich ein königlicher Genuß!

Über den Blicken in die Ferne bzw. zu anderen Alpenteilen darf man die Schau auf die Häupter und Flanken der Berge unserer Ortler-Alpen nicht vergessen. Man kann es auch nicht, weil die Gestalten der Ortler-Trabanten sehenswert und meist schöngeformt sind und vor allem nahestehen und deshalb eine starke Wirkung ausstrahlen. Obwohl der Ortler fast am westlichen Rand »seiner Gebirgsgruppe« steht, bleibt dem Auge noch genug zu tun, die Berge in dieser Richtung zu registrieren und ihre Namen festzustellen. Relativ einfach ist das beim Fallaschkamm, an dessen Osthängen sich die Stilfser-Joch-Straße hinaufwindet. Eine kompliziertere Aufgabe bildet das Überblicken und Identifizieren der Gipfel im Westen, wo sich tief unter dem Ortler-Hauptkamm mit lauter beachtlichen Dreitausendern eine zerrissene Gletscherlandschaft breitet, die obendrein von Graten und Kämmen unterbrochen ist. Elf Gipfel über 3400 m Höhe stehen dort, und mehrere Gletscher von einigen Kilometern Länge lecken mit ihren Zungen fast ins grüne Tal oder an die grauen Moränen und die wasserüberronnenen Gletscherschliffe. Ein Anblick, so wild, so überwältigend, daß man sich kaum losreißen kann. Dieser Ausschnitt zeigt die typisch westalpine Seite der Ortler-Alpen, die uns zwar auch an einigen anderen Stellen entgegentreten wird, aber nirgends mehr mit derartiger Eindringlichkeit.

Im Nordosten, auf der anderen Seite des Suldentales, erheben sich die Gipfel der Vertainspitz-Gruppe, deren größte Vergletscherung auf der Nordseite liegt und deshalb nicht zu sehen ist. So erscheinen diese Berge vom Ortler aus gesehen vorwiegend als Felsberge. Hinter ihnen im Osten blicken die Gipfel um Zufrittferner und Vedretta Sternai herüber: Zufrittspitze, Weißbrunnspitze, Lorkenspitze, Hintere Eggenspitze und Eggenspitze, alles Gipfel, die schon das oberste Ultental umgeben. Beim Schwenken des Blicks gegen Süden taucht über dem Talschluß des Suldentals — hinter Schaubachhütte und Eisseespitze — die Gruppe der Venezia-Spitzen auf, und noch weiter rechts erblickt man neben den Abstürzen der Königsspitze das typische Dreigestirn Zufallspitzen-Cevedale. Darauf folgen die wilden Nahblicke, die über den Grat Zebrù-Königsspitze und über den oberen Suldenferner hinweg zur einzigartigen Königsspitze gehen — wieder ein Ausschnitt großartiger Wildheit!

Wenn man sich von diesem Anblick losgerissen hat und jetzt schon fast genau nach Süden schaut, so steht hinter dem nicht sichtbaren Val Zebrù ein vergletscherter in West-Ost-Richtung verlaufender Kamm von M. Confinale, C. Manzina und den Cime del Forno. Aber hinter ihm öffnet sich ein Bild, das zu den ganz großen der Ortler-Alpen gehört: der Fornogletscher, übri-

Auch große Schneemassen im Winter
sind nicht imstande, den Eindruck des
Gletscherberges Ortler zu verdecken,
denn immer noch blicken die unheimli-
chen Eiswülste herunter, die so viele
Aufstiege von dieser Seite bedrohen.

16

gens der größte des Gebietes, der von zwölf Gipfeln gerahmt wird, die zwischen 3500 und 3700 m hoch aufragen.

Wo diese grandiose Gipfelkette im Westen absinkt, liegt der tiefe Einschnitt des Gavia-Passes, hinter dem sich die Bergriesen der Ortler-Alpen noch einmal bis in fast 3300 m Höhe erheben; es ist das südwestlichste Gebirge der Ortler-Alpen mit M. Gavia, M. Sobretta und M. Vallacetta. Nach der Furche des Veltlins folgen schon die Berge der Grosina-Alpen, vor denen schon wieder die westlichen Ortler-Berge stehen.

Tatsächlich kann man vom Ortler aus den Großteil und die höheren Gipfel der Ortler-Alpen gut überblicken und einen guten Eindruck der Gliederung gewinnen, da die Furchen der Täler deutlich einschneiden, wenn man auch ihre Gründe und Böden meist nicht erkennen kann. Für den geübten Bergsteiger ist deshalb die Ortler-Besteigung mehr als nur ein großes Erlebnis, es ist die informativste Einführung in das Gebirge, das den Namen dieses Königs trägt. Noch mehr: Gerade bei einer solchen Gipfelschau wird man noch viele Berge entdecken können, die Eindruck machen und die man — vielleicht erst auf Grund einer so persönlichen Entdeckung — später aufsuchen, kennen- und liebenlernen wird. Auf diese Weise werden viele Menschen auch zu Zielen finden, die zwar nicht zu den großen und berühmten Gipfeln gehören, aber doch ebensoviel oder gar noch mehr Bergglück schenken können. Und gerade von solchen Gipfeln besitzen die Ortler-Alpen Hunderte, vielleicht Tausende!

Zwischen einem steilen Gletscher auf der Nordostseite und noch steileren Südwest-Felsabstürzen zieht der steile Grat zum Gipfel der Hinteren Eggenspitze; er kann so stellenweise fast mit dem Biancograt des Piz Bernina verglichen werden.

Das sind die Ortler-Alpen

Begrenzung, Zugehörigkeit, Sprachenverteilung

Einen kleinen Begriff von den Ausmaßen dieses Gebirges gibt schon die Kartenskizze am Anfang und Ende des Buches und schließlich auch die Angabe der Fläche der Ortler-Alpen, nämlich etwa 2800 Quadratkilometer. Die eigenartige, von Westen nach Osten langgezogene Figur besitzt an der längsten Stelle zwischen Tresenda im Veltlin und Bozen einen Durchmesser von über 200 Kilometern.

Viel verständlicher dürfte allerdings eine Angabe sein, die heutzutage fast jeder zu werten weiß: Um die Ortler-Alpen zu umrunden, benötigt ein Autofahrer, sofern er nicht durch Schnee oder anderes behindert wird, immerhin 7 bis 9 Stunden; es ist ja auch eine Strecke von rund 360 Kilometern, und man muß drei Pässe bewältigen, deren höchster immerhin 2500 Meter hoch liegt. Es ist der Umbrailpaß, früher auch Wormser Joch genannt.

Die Ortler-Alpen sind ein Teil der nirgends genau definierten Rätischen Alpen, zu denen neben Bernina-Alpen, Grosina-Alpen, Albula-Alpen, Silvretta, Adamello-Presanella und noch mehr andere, auch gelegentlich die Ötztaler Alpen gerechnet werden. Die Einbeziehung in die Südlichen Kalkalpen ist eine nicht ganz eindeutige, mehr geologische — und auch da nicht ganz zutreffende — Einordnung.

Tiefeingeschnittene Täler trennen die Ortler-Alpen deutlich von anderen Gebirgen. Lediglich die Nordwestgrenze um den hochgelegenen Umbrailpaß könnte zu Zweifeln Anlaß geben, ob nicht vielleicht doch das 2756 Meter hohe Stilfser Joch als Trennung günstiger wäre. Dagegen spricht freilich einmal die große Höhe des Stilfser Jochs und zum anderen das im Vergleich zum Trafoier Tal tiefliegende und breite Münstertal.

Die vernünftigste Grenzziehung scheint also folgende: Etsch ab Glurns, Noce bzw. Vermiglio, Oglio, Fiumicello, Adda, Braulio, Muranzina, Rambach bis Glurns.

Die Einteilung der Ortler-Alpen in Untergruppen, wie sie auch im Text berücksichtigt ist, folgt ausschließlich den von der Natur gezeichneten Grenzen der Täler und Jöcher. Neben dieser verwendeten Ordnung sind auch andere Einteilungen denkbar und werden gelegentlich praktiziert, zum Beispiel:

1. Ortlergruppe und Mendelgebirge

2. Zentrale Ortlergruppe und Ortler-Vorberge, womit die weniger hohen Berge am Rand (bis etwa 3400 Meter) oder im eigentlichen Zentrum bezeichnet

Mit ihren Nachbarn Piz Pedranzini und M. Cristallo (Hohe Schneide) erinnert die Cresta di Reit durch ihre steilen Kalkwände an die Dolomitenberge, wenn man über die Häuser von Plazola im Valfurva emporschaut.

Im Sommer blühen auf den von Wasserläufen durchrieselten Hängen des Forno-Kessels Millionen von Primeln, die den Blicken zum Forno-Gletscher, dem größten der Ortler-Alpen und achtgrößten der Alpen, eine besondere Stimmung verleihen.

23

werden. Sie sind, wie auch das Mendelgebirge, in den meisten Beschreibungen ignoriert.

So verfahren auch verschiedene italienische Einteilungen, welche die Berge östlich des Rabbi-Tales und südöstlich des Ultentales als Alpi Anaune = Nonsberger Alpen bezeichnen. Da diese Berge um den Nonsberg gruppiert sind, ist diese Benennung verständlich.

Zu den Ortler-Vorbergen werden gelegentlich auch die südwestlichen Gruppen der Ortler-Alpen gezählt, also Vallacetta, Sobretta, Gavia und die südwestlichen Vorlagerungen zwischen dem Tal von Còrteno und Veltlin. Andere Quellen wiederum klammern diese Gruppen vollständig aus oder verleihen ihnen Eigenständigkeit.

Schließlich kommt noch der Fallaschkamm dazu, dessen Einordnungsproblematik schon kurz angedeutet wurde.

Die Ortler-Alpen sind besonders im Gebiet der Provinz Bozen, also in Südtirol, von einer Menge klangvoller Ortsnamen wie von Perlen eingefaßt. Allen voran sind da natürlich Bozen und Meran zu nennen, aber auch Kaltern und Tramin, Schlanders, Naturns und Terlan sind weithin bekannt. Damit sind natürlich bei weitem nicht alle genannt. In der Provinz Trient stehen Cles und Malé als Hauptorte von Nonsberg (Val di Non) und Sulzberg (Val di Sole) an erster Stelle. In der Provinz Brescia sind Edolo und Ponte di Legno zu nennen, in der Provinz Sondrio Tirano und Bormio. Wenn man von einem ganz kleinen Schweizer Anteil zwischen Val Muraunza, Münstertal und Fallaschkamm (etwa 35 Quadratkilometer) absieht, gehört das beschriebene Gebiet ganz zu Italien. Vier Provinzen haben Anteil an den Ortler-Alpen:

Bozen BZ	etwa 50%
Trient TN	" 25%
Brescia BS	" 10%
Sondrio SO	" 15%

Diesen Prozentzahlen entspricht auch ungefähr die Verteilung der Hochsprachen, wobei allerdings eine Tatsache zu berücksichtigen ist, nämlich die größere Siedlungsdichte des deutschsprachigen Teiles der Ortler-Alpen, der auch durch den menschenreichen Nonsberg im Süden nicht ausgeglichen werden kann.

Die Tatsache des Vorhandenseins der teils noch eigenständigen rätoromanischen Sprachen an der Südseite der Ortler-Alpen — heute fälschlich als italienische Dialekte bezeichnet — wird eigens behandelt.

Unter den zahlreichen Wallfahrtskirchen und Heiligtümern der Ortler-Alpen nimmt das Romediuskirchlein an der Stelle der Einsiedelei des hl. Romedius eine besondere Stellung ein. Es steht auf einem Felsen hoch über der tiefeingeschnittenen Schlucht des Romedibaches am östlichen Nonsberg und gehört zum Mendelzug.

Zu den schönsten Eindrücken gehört
es, wenn man an einem Frühsommer-
tag im Val Zebrù zwischen Ortlerkette
und Confinale-Gruppe über die blühenden Löwenzähne zu den Wänden von
Payerspitze und Kristallspitze schauen
kann und staunend wahrnimmt, daß
Löwenzähne auch Hochgebirgspflanzen
genannt werden können.

27

Einteilung der Ortler-Alpen — ihre Gebirgsgruppen

Zahlreiche Seitentäler führen ins Innere der Ortler-Alpen und trennen die Untergruppen logisch voneinander oder sie bilden auch die Zentren dieser Untergruppen.

Die bedeutendsten Täler der Ortler-Alpen, die aus ihrem Innern kommen, sind folgende:

Ultental	etwa 32 km lang mit St. Pankraz, St. Walburg, St. Nikolaus, St. Gertraud
Martelltal	etwa 24 km lang mit Bad Salt, Gand
Nonsberg	etwa 20 km lang mit Fondo, Revò, Cloz
Valfurva	etwa 20 km lang mit S. Caterina
Rabbi-Tal	etwa 18 km lang mit Rabbi
Trafoier Tal	etwa 17 km lang mit Prad, Gomagoi, Trafoi
Peiotal	etwa 17 km lang mit Còvolo, Peio
Suldental	etwa 11 km lang mit Sulden
Pescarabach Proveis (oberer Nonsberg)	etwa 11 km lang mit Proveis, Laurein
Ogliolotal	etwa 9 km lang mit Pezzo

Aus der Betrachtung der Landkarte mit den gerade angeführten tiefeinge-schnittenen Tälern ergibt sich zwangsläufig eine Gliederung, die zu zehn eigenständigen Untergruppen führen müßte. Wenn in diesem Fall elf den zehn logischen vorgezogen sind, dann nur deshalb, um nicht eine dieser Gruppen unverhältnismäßig groß werden zu lassen. Es handelt sich um das Gebiet, das durch Peio- und Martelltal sowie Rabbi- und Ultental klar begrenzt ist. Durch die Soyscharte wurde der Kamm des Hasenöhrls vom größeren Teil Venezia-Zufritt-Eggenspitzen-Gruppe abgetrennt.

Die Reihenfolge der Gruppenaufzählung stellt die Berge der klassischen Ort-lergruppe an den Anfang, worauf dann die weiteren Gruppen der Ortler-Alpen folgen.

1. Ortlerkette
2. Laaser Berge
3. Confinale-Kamm
4. Forno-Gruppe
5. Venezia-Zufritt-Eggenspitzen-Gruppe
6. Hasenöhrlkamm
7. Proveiser Berge
8. Mendelkamm
9. Fallaschkamm
10. Südwest-Gruppe
11. Tonale-Gruppe

Geologie

Wenn auch für den Nichtwissenschaftler trocken und kompliziert, so bilden die geologischen Grundlagen eines Gebirges eben doch den Schlüssel zum Verständnis des Aussehens und des Abschätzens verschiedener Folgeerscheinungen zum Beispiel der Flora und mancher anderer Eigenheiten. Es ist — gerade auf diesem Gebiet — mit einleuchtend vereinfachenden Einordnungen leider nicht getan, wie das Beispiel der Bezeichnung »Südliche Kalkalpen« zeigt, zu denen Ortlergruppe bzw. Ortler-Alpen gerechnet werden. Jeder Bergfreund, der sich ein wenig für diese Zusammenhänge interessiert und die Landschaft betrachtet hat, wird feststellen, daß es tatsächlich Kalkberge in den Ortler-Alpen gibt, daß aber eben der allergrößte Teil aus Nicht-Sedimentgesteinen besteht. So ist zwar das mächtige, alles beherrschende Dreigestirn Ortler-Zebrù-Königsspitze aus Kalk, genauer vorwiegend aus Hauptdolomit aufgebaut, dessen Verwitterungsprodukte heller ausfallen als das Grau des tiefer liegenden Gesteins. Das erklärt die schroffen Formen und die Farben dieser Berge. Noch eindrucksvoller erweist sich der Aufbau aus Dolomit in der mächtigen Wandflucht Piz Pedranzini, Cresta di Reit, M. Cristallo (Hohe Schneide), die einen Anblick bietet, der den Beschauer in die Dolomiten versetzen könnte. Dieser Eindruck ist aber für die Ortler-Alpen nicht typisch. Im Gegenteil, er ist eine der wenigen Ausnahmen, denn ausschließlich der westlichste Teil weist solche Besonderheiten auf. Und wenn man noch etwas genauer schaut, dann findet man unter dem Kalk völlig andere Gesteinsarten, metamorphe, vor allem Quarzphyllit, Glimmerschiefer und Orthogneise, zu denen an manchen Stellen auch magmatische treten. Die Grenzen zwischen diesen Gesteinen verlaufen aber keineswegs waagrecht und flächig, sondern sie gehen — in normalem Sprachgebrauch ausgedrückt — kreuz und quer durcheinander, sie greifen ineinander, liegen in Faltungen, die früher obere Schichten nach unten gekehrt haben. Welche Dimensionen die Erdkrustenbewegungen während der Alpenentstehung gehabt haben müssen, lassen diese Feststellungen ahnen. Die Grenzen zwischen verschiedenen Gesteinsarten offenbaren jedem die Bewegung der Erdoberfläche, die erst in den letzten Millionen Jahren langsamer geworden, aber bis heute noch nicht ganz zur Ruhe gekommen ist. Es gibt eine Reihe von Stellen der Ortler-Alpen, wo man die Grenzen verschiedener Schichten oder Gesteinsarten deutlich erkennen kann. In höchst eindrucksvoller und überraschender Weise kann man das von den Forno-Spitzen im Confinale-Kamm erleben: Da stehen die helle Königsspitze und darunter die dunkelrote Cima Pale Rosse, an deren Westseite die Grenze zwischen Kalk und Quarzphyllit bzw. Granitporphyr senkrecht verläuft. Auch Faltungen treten an einigen Stellen deutlich zutage, zum Beispiel an den Madatschspitzen (von der Stilfser-Joch-Straße aus gut zu erkennen) und im Brauliotal. Weniger deutlich, aber noch frappanter ist zum Beispiel die Vegaia-Tremenesca-Schlinge zwischen Peio- und Rabbi-Tal.

Auf jeden Fall ist es nur eine Vereinfachung, wenn man davon spricht, daß die Berge zwischen Stilfser Joch und Königsspitze aus Ortler-Trias aufgebaut sind, denn darunter liegen dicke Schichten dunklen Schiefergesteins, dazwischen Raibler Schichten und sogar Vulkangestein in zwei Formen, Sulde-

Der westlichste Berg der Ortler-Alpen ist der beachtliche Kalkriese und Dreitausender Piz Pedranzini, der von der Kirche S. Raineri im Brauliotal an der Westseite der Stilfser-Joch-Straße einen interessanten Eindruck hervorruft. Er gehört zu den ganz selten besuchten Ortlergipfeln.

nit und Ortlerit, die in die Spalten und Lücken eingedrungen waren und in der Nord-Wand der Königsspitze in dunklen gewundenen Linien zu erkennen sind.

Geologisch teilt man den Großteil der Ortler-Alpen in verschiedene kristalline Schieferzonen, die vor allem aus Phyllitgneis, Quarzphyllit, Glimmerschiefer und im südlichen Teil aus sogenannten Tonaleschiefern bestehen, die ihre Grenzen gegen Süden und Osten in der Tonale-Linie (Tonale-Paß bis Dimaro) und der Judikarienlinie (Dimaro—Malé—Proveiser Berge—Hofmahd—Meran) findet. Man nimmt an, daß diese Phyllitzone der Ortler-Alpen auf viel jüngeren Sedimentgesteinen liegt, wie sie etwa in der Brenta auftreten. Innerhalb dieser breiten Phyllitzone sind auch Marmorschichten (Laaser Marmor), Granit (Marteller Granit), Hornblende, Gips und andere vorhanden. Erz- bzw. Mineralienlagerstätten kommen in fast allen Tälern vor, besonders Eisen-, Kupfer-, Blei-, Zink-, Magnesium- und vielleicht auch Silbererze wurden bergmännisch abgebaut.

Die Verteilung der Erzfundstellen über die Ostalpen hat zur Annahme einer großräumigen Erzader geführt, die von Südwesten nach Nordosten (vom Veltlin zu den Kitzbüheler Alpen) zieht und ihre Ursache in vulkanischen Gegebenheiten hat. Die Ortler-Alpen liegen an dieser Linie — übrigens unweit der Störungszone der Judikarienlinie — und enthalten eine Vielzahl von Erzen, freilich häufig in nicht abbauwürdigen Konzentrationen. Besonders bekanntgeworden sind die alten Bergwerke des Martelltales, wo Pyrit und Kupferkies abgebaut wurde; im oberen Zay-Tal schürfte man Eisen, Zink und Blei, im Ultental erzeugte man Eisen, Schwefel und Kupfer, über Stilfs fand man Kupfererze, im Rabbi-Tal Kupfer und Eisen. Magnetit hat im Peio-Tal sowie im Zebrù-Tal (worauf die Namen Cima-, Passo- und Vedretta della Miniera hinweisen) früher Bedeutung besessen. Kalifeldspat wurde im Val de Lamare gewonnen. Heute noch wird am Zumpanell über dem Suldental Magnesit abgebaut, in dem zahlreiche andere Minerale eingebettet liegen. Interessant sind auch die ehemaligen Asbestabbaustellen der Malga Preghena im Val Brésimo.

Diese Mineralienvielfalt in den kristallinen Schieferzonen der Ortler-Alpen entspricht auch der Fülle der Mineralquellen mit verschiedenen gelösten Stoffen. Die Spannweite reicht von radioaktiven heißen Quellen in Bormio über die Eisensäuerlinge in Peio und Rabbi, die auch Lithium und Jod enthalten, zu den schwefelhaltigen Quellen im Vinschgau und im Valfurva. Daneben und dazwischen existieren noch zahlreiche Heilquellen mit abweichender Zusammensetzung wie Mitterbad im Ultental oder Latsch im Vinschgau.

Aus dieser Vielfalt erweist sich, daß die kristallinen Schieferzonen der Ortler-Alpen geologisch die interessantesten Gebiete stellen, die in früheren Zeiten wegen ihres Mineralreichtums mit dem Bergbau einen nicht unwesentlichen Einfluß auf die Lebensweise der Menschen ausüben konnten.

Alle Gebiete östlich der Judikarienlinie kann man — bei großzügiger Betrachtungsweise — als Kalkgebirge bezeichnen. Es beginnt zwar im Norden (Tisens-Überetsch) mit der Bozner Porphyrplatte, aber in der Hauptsache ist es Schlerndolomit, der die Wände des Gantkofels (auch Mendelnase genannt) entstehen ließ, und·Hauptdolomit, der die östlichen Berge der Ortler-Alpen bestimmt.

Die Berge und ihre Formen

Entsprechend der häufig zu hörenden Bewertung der Ortlerberge, sie könnten mit der fast benachbarten Berninagruppe an Formschönheit, Wildheit und beinahe auch an Höhe wetteifern, besitzen sie tatsächlich eine Fülle von Gipfelgestalten mit typischer und eigenwilliger Form. In dieser Beziehung stehen Königsspitze, Ortler und Thurwieserspitze allen voran, was aus ihrem geologischen Aufbau gut zu verstehen ist — sie sind eben Dolomitberge. Daraus darf man freilich nicht schließen, daß die anderen Gipfel — fast ausschließlich Schieferberge —, in keiner Weise mithalten könnten. Natürlich hat ihr insgesamt weniger widerstandsfähiges Gestein die Erhaltung steilster Wände und spitzigster Gipfel nicht in gleichem Maß erlaubt, aber sie besitzen trotzdem wenigstens zum Teil schöne Formen und bilden oft eindrucksvolle Felsgestalten. Als Beispiele dafür sind Piz Trésero und Zufrittspitze zu nennen. Daneben existieren einmalige Wandbildungen wie bei den Nordabstürzen der Tschenglser Hochwand, den Südhängen des M. Vioz oder den Wänden von Cresta di Reit, Hoher Schneide und Kristallspitze, von denen die letzteren freilich aus Kalk bestehen.

Den wohl mächtigsten Zuwachs an respektablem Eindruck verdanken die Großen unter den Ortlerriesen — ob aus Kalk oder Schiefer geformt — aber auch heute noch der starken Vergletscherung, die in erster Linie auf die Höhe dieser Gipfel zurückzuführen ist. Höhe und geologische Zusammensetzung sind also die Faktoren des Eindrucks der Berge auf die Menschen. So ist die Verteilung der Ortlerberge nach der Höhe auch sehr interessant und beachtlich:

23 Gipfel erheben sich über 3500 m, ungefähr 125 Gipfel sind höher als 3000 m.

Die höchsten Gipfel sind folgende:

Ortler	3902 m
Ortler-Südgipfel	3872 m
Königsspitze	3859 m
Cevedale	3778 m
Zufallspitze	3764 m
Zebrù	3740 m
Palon de Lamare	3704 m
Nördl. Zufallspitze	3687 m
Punta San Matteo	3684 m
Thurwieserspitze	3654 m
M. Vioz	3644 m
C. Taviela	3614 m
Piz Trésero	3602 m

Von den vergletscherten Bergen um den Talschluß des Ultentals erblickt man die meist abgerundeten Proveiser Berge, die langsam an Höhe verlierend in den Nonsberg abfallen. Tief unten liegt der Grünsee mit seiner mächtigen, mit Plastikfolie belegten Staumauer, über der die Grünseehütte (früher Höchster Hütte) steht.

Die höchsten Ortlerberge sind im Westteil konzentriert. Gegen Südwesten und Osten fallen die Höhen anfangs langsam, später sehr rasch ab. Trotzdem besitzen die letzen Berge der Ortler-Alpen im Westen wie im Osten noch beachtliche Höhen: Der M. Padrio im Westen ist noch 2153 m hoch, der Roén noch 2116 m. Doch die durchaus noch erstaunliche absolute Höhe ist nicht das Ausschlaggebende. Viel wesentlicher — und damit eindrucksvoller — erscheinen die relativen Höhen der Ortler-Alpen. So ragt der M. Padrio 1700 m über dem Veltlin empor und der Roén fast 2000 m über dem Etschtal. Das sind bedeutende Höhenunterschiede, welche zum Beispiel dem zwischen Königssee und Watzmann entsprechen. Noch eindrucksvoller ist es, die hohen Gipfel am Nord- und Südrand mit den Höhen der darunterliegenden Täler zu vergleichen: Die Tschenglser Hochwand steht etwa 2600 m über dem Obervinschgau, der M. Vioz 2500 m über dem Peio-Tal. Im Inneren des Gebirges sind die Unterschiede natürlich geringer, aber immer noch so, daß dadurch großartige Eindrücke entstehen. So erhebt sich der Ortler 2100 m über Sulden, die Zufrittspitze 1900 m über St. Gertraud, die Laaser Spitze 2000 m über Martell, der Piz Trésero 1900 m über S. Caterina Valfurva.

Man darf also zusammenfassend behaupten, daß eine wesentliche Eigenart der Ortler-Alpen in großen Höhenunterschieden besteht, was für die meisten Untergruppen gilt.

Diese Höhenunterschiede beeindrucken nicht nur das Auge des Betrachters, sondern auch den Bergsteiger, der sie bewältigen muß, will er die Gipfel vom Tal aus ersteigen. Zahlreiche Hütten sorgen für kürzere Anstiege, und gelegentlich gibt es auch Straßen und Seilbahnen, die relativ mühelos größere Ausgangshöhen erreichen lassen. Diese Erleichterungen haben weitestgehend darüber entschieden, ob heute ein Berg häufig oder selten bestiegen wird. Alles das, was man unter der Bezeichnung Erschließungsmaßnahme zusammenfassen kann, hat also nicht nur zur Vermarktung und damit Schmälerung der Natürlichkeit beigetragen, es hat auch tatsächlich durch seine Verlockung wesentlichen Einfluß auf das Bergsteigen ganz allgemein genommen. Selbstverständlich gilt diese Feststellung nicht nur für dieses Gebiet, sondern überall.

Obwohl der Rosimferner unter der Schildspitze nur ein kleinerer Gletscher ist, erkennt man seine Mächtigkeit gut an den Abbruchstellen, wo immer wieder häusergroße Eismassen donnernd in die Tiefe stürzen.

Während die Veneziaspitzen noch eis-
umwallt und weiß unter dem blauen
Himmel stehen, ist die etwa 500 m niedrigere Schranspitze nur mehr von ver-
späteten Schneeflecken bedeckt. Über
ihre steilen Abstürze ins Martelltal stürzen die Schmelzwässer in tosenden Fällen.

39

Die Gletscher

Praktisch alle »großen Bilder« der Ortler-Alpen lassen Gletscher mehr oder
weniger ausgeprägt erscheinen. Das könnte den Eindruck entstehen lassen,
als ob das ganze Gebirge zum bedeutenden Teil von Gletschern bedeckt sei,
was keineswegs zutrifft. Der Grund zu einem so oder ähnlich gearteten Irrtum liegt im menschlichen Bestreben, das Großartige vorzuziehen. So entsteht durch fortlaufende Selektion immer von neuem bevorzugter wildester
Bilder eines Tages ein solcher unrichtiger Eindruck. Tatsächlich sind etwa
vier Prozent des gesamten Gebirges von Eis bedeckt. Das erweckt vielleicht
wieder einen gegenteiligen Eindruck, der auch nicht ganz richtig wäre. Die
Gletscher sind im westlichen Teil der eigentlichen Ortlergruppe, die zum Stilfser-Joch-Nationalpark gehört, konzentriert. Über dessen Vergletscherung gibt
es genauere Messungen, die besagen, daß in ihm über 10 Prozent der Fläche
von Gletschern bedeckt sind. Das ist die stattliche Größe von etwa 100 qkm.
Da der Nationalpark zwar die höchsten Teile der Ortler-Alpen umfaßt, aber
nicht alle Gletscher, ist die Zahl für das gesamte Gebiet etwas größer; schät-
zungsweise 106 qkm.

Wie die teilweise riesigen und weit vom Eis der Gletscher entfernten Moränen zeigen, waren die Gletscher in früheren Zeiten viel größer. Doch die Moränen, die wir auf den ersten Blick als Moränen erkennen, sind relativ junge
Gebilde, die meist aus den Zeiten der letzten großen Eisvorstöße zu Beginn
des 19. Jh.s stammen. Noch viel früher waren fast alle Täler der Ortler-Alpen
von Gletschern erfüllt, deren Auswirkungen an vielen Stellen deutlich zu erkennen sind, zum Beispiel als Stirnmoräne des Marteller Gletschers, auf der
die Burgen Ober- und Untermontani stehen. Von den Höhepunkten der Eis-
zeiten schließlich muß man annehmen, daß das Gletschereis in dieser Zone
fast allgegenwärtig gewesen sein muß. Zwischen den Zeiten größter Glet-
scherausdehnung lagen solche der Stagnation (Eis-Zu- und Abnahme hielten
sich die Waage) und die Abschnitte des Gletscherrückganges, deren stärkste
in jüngerer Zeit überall in unseren Alpen ganz grob geschätzt zwischen den Jahren 1000 und 1600 gelegen sein dürften. Diese Zeit hat natürlich die Berge
am »wirtlichsten« erscheinen lassen, hat Übergänge für den Menschen geöff-
net und so regen Verkehr (mit den Augen der damaligen Zeit gesehen) in die
Berge gebracht. In dieser Zeit konnte man vom Mattertal »trockenen Fu-
ßes« über das Matterjoch in die Täler d'Ayas und Gressoney gelangen, und
das obere Ötztal wurde vom Vinschgau aus besiedelt. In den Ortler-Alpen hat
es mit Sicherheit ähnliche Bewegungen gegeben. Vielleicht ist die Annahme,
die ersten Bewohner des Ultentales seien aus dem Rabbi-Tal gekommen, ein
Beispiel dafür.

Auf jeden Fall hat nicht nur die ständige Schürfbewegung der »stehenden«
oder vorrückenden Gletscher Täler und Berghänge geformt, sondern auch die

Erosion nach dem Rückgang der Gletscher. Aber die Gletscher sind in den ganzen Alpen die bedeutendsten Landschaftsformer zu nennen. Nicht nur direkt, sondern auch indirekt durch die Bildung von Gletscherseen, die manchmal mit einhergehenden verheerenden Zerstörungen ausgebrochen oder auch langsam verlandet sind. Für die Ausbrüche von Gletscherseen liefert wieder das Martelltal ein eindrucksvolles Beispiel und wirft ein bezeichnendes Licht auf die Tatsache des Eigenlebens verschiedener Gletscher, die manchmal sehr unterschiedlich schnelles Wachstum besitzen. So kam es im obersten Martelltal wiederholt vor, daß Langen- und Zufallferner sich nicht vereinigten, sondern der Zufallferner den anderen Gletscher sozusagen überholte und sich dann infolge einer richtungverändernden Felswand vor dem Langenferner »querstellte«. Dadurch wurde sein Abfluß zu einem gewaltigen See aufgestaut, dessen Ausbrüche das ganze Tal und sogar Teile des Vinschgaues verheerten.

Der bedeutendste Gletscher der Ortler-Alpen ist der Forno-Gletscher, mit etwa 20 qkm einer der größten der ganzen Alpen, und der ausgedehnteste der Ostalpen. Wenn man sich in seiner Mitte befindet, kommt man sich wie in einem welligen weißen Meer vor, aus dem die Randgipfel wie Klippen ragen.

Die größten Gletscher der Ortler-Alpen und ihre ungefähren Ausdehnungen

Forno-Gletscher	20 qkm
Suldenferner	6 qkm
Laaser Ferner	5,5 qkm
Vedretta del Careser	5,5 qkm
Zufallferner	5,5 qkm
Langenferner	5 qkm
Vedretta de Lamare	4,5 qkm
Vedretta dei Vitelli	4,5 qkm
Vedretta di M. Cristallo	4,5 qkm
Ebenferner	4 qkm
Madatsch-Ferner	4 qkm
Vedretta Rossa	4 qkm
Vedretta Cedec	4 qkm
Unterer Ortlerferner	3,5 qkm
Ghiacciaio Dosegù	3,5 qkm
Vedretta Zebrù	3 qkm
Vedretta Gran Zebrù	2,5 qkm
Gramsenferner	2,5 qkm
Hoher Ferner	2,5 qkm
Vedretta dei Castelli	2 qkm
Madritsch-Ferner	2 qkm
Trafoier Ferner	2 qkm

Einer der größten Stauseen der Ortler-
Alpen, der Zogglersee, liegt im Ultental,
dem er eine Menge freundlicher Bilder
verschafft. An seinen Ufern beginnen
mehrere Berganstiege zu Gipfeln in den
Proveiser Bergen und im Hasenöhrl-
kamm.

Insgesamt dürften die Ortler-Alpen etwa 120 selbständige Gletscher besitzen, von denen die meisten dem sogenannten Pyrenäen-Typ angehören. Sie sind seit etwa 150 Jahren überwiegend im Rückgang begriffen, wobei offenbar weniger die absolute Höhe als der Winkel des Sonnenlichts und die Intensität der Rückstrahlung vom erwärmten Fels Rollen spielen. Seit etwa 1924 hat die Rückzugsgeschwindigkeit stark zugenommen, ab 1950 hat sie sich wieder verlangsamt, so daß in wenigen Fällen Stillstand und sogar kleine Eiszunahmen festgestellt wurden.

Die stärksten Rückgänge betragen etwa

Zufallferner	600 m
Vedretta del Careser	500 m
Vedretta dei Vitelli	450 m
Vedretta del Zebrù	450 m

Durch diesen starken Gletscherschwund, der ja neben der Längs- und Querausdehnung der Gletscher auch ihre Stärke beeinflußt, hat sich seit Beginn des Bergsteigens die Landschaft ganz wesentlich verändert. Und zwar nicht nur für das Auge, dem die mächtigen Moränenwälle wie die Grabmale der Gletscher erscheinen mögen! Sondern auch für den, der die Gletscher oft überschreiten muß, den Bergsteiger. Zum Teil können heute, im Gegensatz zur Zeit vor 50 oder 100 Jahren, die Wegführungen abseits von Eis verlaufen, das sind entweder die berüchtigten »Moränenrutschhatscher« oder der Gang über runde, von der Sonne erwärmte Gletscherschliffe. Dem stehen größere, breitere Spalten im Gletscher und bis vor kurzem unbekannte Spaltenzonen gegenüber. Das bedeutet unter Umständen größere Gefahren und größeren Zeitaufwand. Auch die Grenzen zwischen Eis und Fels, die Randklüfte, sind teilweise breiter und tiefer geworden, so daß sie nicht mehr so leicht zu überwinden sind. Es kann aber auch das Gegenteil vorkommen. Auf jeden Fall ist sehr viel anders geworden — und auch Landkartenzeichnungen und Führerbeschreibungen müssen notgedrungen hinter den neuen Verhältnissen einherhinken.

Seen in den Ortler-Alpen

Ein Blick auf eine Landkarte läßt den Eindruck entstehen, als seien die Seen in dieser Landschaft beinahe Mangelware. Obwohl dieses erste oberflächliche Urteil etwas trügt, muß man für den Großteil dieses Gebirges — vor allem auffallend im höchsten und vergletscherten Teil — feststellen, daß nur wenige größere Seen, dafür zahlreiche kleinere die Landschaft verschönen. Wenn man vom am Rand liegenden Stausee S. Giustina bei Cles im Nonsberg (4 qkm, 170 Millionen cbm, Bogenstaudamm von 152 m Höhe) absieht, gibt es hier nur einen See, der wesentlich größer als 1 qkm ist, der am Rand über dem Etschtal liegende Kalterer See. Die größten sind sonst alle Stauseen:

Zufrittsee	1850 m Höhe	Lago Pian Palù	1790 m Höhe
Lago del Càreser	2599 m Höhe	Arzkersee	2200 m Höhe
Zoggler See	1200 m Höhe		

Dazu kommen noch einige kleinere Stauseen.

Natürliche Seen besitzen die Ortler-Alpen etwa 100, wobei nur solche von wenigstens 100 m Länge berücksichtigt, also auf Karten 1 : 100.000 verzeichnet sind. Die größten unter ihnen sind folgende:

Lago Rotondo	2424 m	Alplanersee	2387 m
Lago Corvo (Haselgruber See)	2462 m	Zirmsee	2114 m
		Flimseen	2360 m
Laghi Sternai	2595—2778 m	Lago Soprasasso	2200 m
Lago Lungo	2550 m	Göflaner See	2519 m
Gratsee	2652 m	Tarscher See	1828 m
Langsee	2340 m	Hochwartsee	2193 m
Tretsee	1604 m	Wilder Pludersee	2483 m
Plombodensee	2488 m	Schwarzsee	2544 m
Kofelrasterseen	2405 m	Mittlerer See	2442 m
Lago Marmotte	2704 m	Lago Catena Rossa	3140 m
Grünseen	2729—2741 m		

Wohl alle Seen dieses Gebirges, mindestens der höheren Lagen, verdanken ihre Entstehung den vielfältigen Einflüssen der Gletschertätigkeit. Das heißt nicht, daß irgendein Gletscher direkt daran beteiligt gewesen sein muß; er kann die Voraussetzungen schon vor langer Zeit geschaffen haben.

Da Seen — vor allem im Hochgebirge — sehr vergängliche Erscheinungen sind, kann man es im Verlauf einiger Jahre miterleben, wie Seen langsam verschwinden, aber auch andere neu entstehen. Gerade im relativ durchlässigen Schiefergestein der Ortler-Alpen sind viele Faktoren nötig, einem See langes Leben zu verleihen, die Neigung zum »Verrinnen« scheint sehr groß, und die Verlandung arbeitet oft sehr schnell.

Trotzdem kann man Seen, Seeaugen und kleinere Wasserlachen in allen Teilen des Gebietes finden und seine Freude an ihnen genießen, denn Wasser in den Bergen gehört zusammen mit den Pflanzen zu den liebenswertesten Kontrasten zu den teils eis- und schneebedeckten Bergen.

Die natürlichen Seen der Ortler-Alpen
sind zwar zahlreich, aber im allgemeinen
ziemlich klein. Trotzdem vermitteln sie
der Landschaft eigene Reize, wenn blühende Alpenrosen und weiße oder graue
Gipfel sich in ihnen spiegeln. Über dem
Madritschtal erhebt sich die 3265 m
hohe Madritschspitze.

Pflanzen und Tiere

Die extreme Verschiedenheit der Höhenlagen und Klimagegebenheiten innerhalb des beschriebenen Gebietes ist so groß, daß in diesem Rahmen neben dem Leben des Hochgebirges und der mittleren Lagen auch ein Teil der Mittelmeerflora und -fauna beschrieben werden müßte. Denn im Etschtal von 200 bis 400 m Höhe wachsen Palmen, duftet südliche Blumenpracht, und sogar die wärmeliebende Gottesanbeterin ist zu finden. Das ist natürlich — allein aus Platzgründen — nicht möglich und wäre auch gar nicht sinnvoll, da diese Pflanzen und Tiere nur am Rand auftreten und wirklich kaum etwas mit den für dieses Gebiet charakteristischen Lebewesen zu tun haben. Ebenso sind auch die Pflanzen der sogenannten Steppenvegetationsinseln im Veltlin, im Vinschgau, im unteren Valfurva und dem äußeren Martelltal nicht besonders behandelt. So beschränken sich die Kurzangaben zu diesem wichtigen Kapitel auf die in höheren Lagen heimischen Pflanzen und Tiere.

Pflanzen

Bei den Pflanzen handelt es sich um die der Subalpinen, der Alpinen und der Nivalen Stufe, zu denen die aus Gründen umweltschützerischer Erkenntnisse die Anthropogene Vegetation tritt, eine noch weitgehend natürliche Formation, die aber durch die Weidewirtschaft des Menschen erst entstehen konnte. Zu dieser Einteilung kommt noch eine andere, die auf der Bodenart beruht, also Pflanzen, die alkalischen bis neutralen Boden bevorzugen (vorwiegend Kalk) und solche, die auf saurem bis neutralem Grund wachsen (Schiefer, Urgestein).

Die Anthropogene Vegetation hat sich zwar unter dem Einfluß des Menschen entwickelt, die Art ihrer Zusammensetzung ist aber gleichzeitig aus den Bemühungen der Alpbauern wie aus den Möglichkeiten von Boden und Klima der jeweiligen Gegend bestimmt worden. Sie ist sozusagen ein natürlicher Teil der örtlichen Flora, vermindert um die Pflanzen, welche die menschlichen Pflegemaßnahmen nicht überstanden haben (Düngen, Mähen, usw.) Die Alpflächen und Weiden in den Ortler-Alpen liegen relativ hoch und überwiegend in der Subalpinen Stufe, in der der Goldhafer die wesentlichste Pflanze für die Viehzucht genannt werden muß, da sie natürliche Düngung nicht nur verträgt, sondern von ihr gefördert wird. Obwohl die Alphaltung auch hier in den Ortler-Alpen zurückgeht, gibt es — vor allem auf der Südseite — Alpen (im lombardischen Teil baite oder baito, Mehrzahl baite, im Trentino malga, Mehrzahl malghe genannt), die bis in 2400 m Höhe sorgfältig gedüngt und gemäht werden. Auf diesen Wiesen, die häufig durch waalähnliche Gräben reichlich bewässert werden, wachsen in verschwenderischer Fülle Trollblumen, Wiesenknöterich, Bärenklau, Platterbsen, Süßklee und verschiedene Korbblütler. In der Nähe der Hütten oder Viehställe herrscht Überdüngung, die erst die auffallende Veränderung der Pflanzenzusammensetzung hervorruft, in der Brennesseln, Sauerampfer, Kratzdisteln,

Im Mai sind viele Hänge und Alpwiesen vom Leuchten der Krokusblüten erfüllt, bei denen es etwa 9/10 weiße und 1/10 violette gibt; die Aufnahme zeigt das Martelltal gegen die Gramsenspitzen.

Auch in diesem Gebirge sind die Bilder aufgelassener Almen — wie hier unter den Laugenspitzen — häufig. Hier entwickelt sich die anthropogene Vegetation langsam in eine rein natürliche zurück.

Weißer Germer und zahlreiche andere »Unkrautarten« vorherrschen, die für diese Höhe nicht typisch sein müssen.

Sobald eine Alpe aber verlassen ist und der reiche Stickstoffnachschub und die Bewässerung ausbleiben, verschwinden die typischen Mastpflanzen, dann wuchern eine Zeitlang die Gräser und schließlich fassen die Zwergstraucharten Fuß. Das ist in allen Teilen in übereinstimmender Weise zu beobachten und scheint ein Prozeß der Rückführung zu naturnahen Verhältnissen zu sein.

In dieses Kapitel gehört auch die Abwandlung des natürlichen Mischwaldes zu einer Form, die der Waldweide dienen kann. Fichten, aber vor allem auch Lärchen mit einem Unterwuchs, der für das Vieh geeignet ist, kommen häufig vor. Diese Weidewälder, die oft an steilen Hängen liegen, sind wegen Viehtritten und nicht ganz natürlichem Unterwuchs stark erosionsgefährdet und lassen leicht Muren entstehen.

Die Subalpine Stufe der Ortler-Alpen ist durch ein Gemisch von Alpenrosengebüsch und verschiedenen Beerensträuchern (Heidel-, Moos-, Preiselbeeren, Bärentraube) gekennzeichnet, das meist in lichten Beständen von Lärchen, Zirben oder Bergkiefern steht. Besonders schöne Zirben, diese schönsten, aber vom Aussterben bedrohten Nadelbäume, findet man im Valfurva, im Marelltal, im Val de Lamare und noch an zahlreichen anderen Stellen. Dazwischen wachsen oft prächtige Lilienarten wie Türkenbund und Feuerlilien oder Akeleien. Dazu kommen an sonnenzugewandten Hängen Wacholder und Berberitzen. Ganze geschlossene Wälder der genannten Baumarten gibt es kaum, dafür bildet die Fichte große Bestände, die oft hoch hinaufreichen. Wieweit diese Fichtenwälder der Natur ihre Entstehung verdanken, läßt sich nicht mit Sicherheit sagen; Tatsache ist es, daß von seiten der Forstbehörden die schnellwüchsige Fichte stets bevorzugt worden ist. Der Fichtenwald verbindet für die Lebensgemeinschaft in den Bergen schlechte mit positiven Auswirkungen. Einerseits mindert die Fichte als Wald jeden anderen Pflanzenwuchs ganz erheblich; häufig läßt er nicht einmal Unterholz aufkommen. Andererseits bildet der Fichtenhumus einen regulierenden Schwamm für Wasseraufnahme und Abgabe.

Auffallend ist die starke Zunahme von Grünerlen — und zwar überall, wo die Bodenfläche irgendwie verletzt ist, z. B. Baumaßnahmen, Lawinenrinnen, Kriegsreste usw. Natürlich gedeihen diese Sträucher, denen man Lawinenbegünstigung nachsagt, nur an feuchten Stellen. Dort sind die Grünerlen durchsetzt mit zahlreichen Blumen, vor allem den Eisenhutarten. An den Rändern wachsen häufig Fleischers Weidenröschen.

Die Alpine Stufe ist für den Berg- und Blumenfreund wohl das lohnendste und geliebteste Gebiet. Es gibt keine Bäume mehr und kaum Niederholz, die Landschaft ist übersichtlich, und vor allem die Blumen können sich voll entfalten. Es ist die Landschaft, in der oft riesige Flächen mit einer Blumenart geradezu übersät sind und Anblicke schenken, die jeden begeistern müssen. Von diesen haben die Ortler-Alpen unendlich viel zu bieten, im Schiefergebiet wie im Kalk. Unvergeßlich sind mir viele Bilder unbeschreiblich schöner

Die Lärchenbestände entwickeln ihre größte Pracht im Herbst; Tabarettakamm mit Payerhütte aus dem oberen Suldental.

Blumenansammlungen, so daß ich alle Gebiete der Ortler-Alpen in die erste Reihe der Blumengebiete stellen möchte. Die kurze Aufzählung der für den persönlichen Eindruck unvergeßlichen Blumenbilder soll nur zeigen, daß solche Bilder überall genossen werden können. Da sind die Edelweiß im Fallaschkamm und das dunkelblaue Meer der Enziane, das die Gipfelhänge des Roén im Juni fast zudeckt. Da glühen die Alpenrosenfelder unter der Laugenspitze wie am Padrio am westlichen Rand der Ortler-Alpen, da leuchten die goldenen Schwefelanemonen über dem Suldental vor der Königsspitze, der Gletscherhahnenfuß auf dem Gipfel der Hinteren Schöntaufspitze und sogar um den Ortlergipfel, die prächtigen Primeln, die sich als dunkelrote Fläche vor dem Forno-Gletscher breiten.

Neben den auffallenden Blumen mit farbenfreudigen Blüten wachsen sehr viele weniger ins Auge fallende Pflanzen. Vor allem sind es oft Gräser, die typisch für Lage, Boden und Entwicklungsstufe der jeweiligen Pflanzengesellschaft sind. Auf saurem Boden tauchen zuerst Schwingelarten, häufig zusammen mit Habichtskräutern auf, die später von der Krumm-Segge und dem Krainer Kreuzkraut abgelöst werden. Diese beiden Gesellschaften lassen sich hier fast überall feststellen; sie sind nur manchmal von auffallenderen Blumen fast verdeckt. Auf basischem Boden ist die Zusammensetzung anders: Silberwurz, Polster-Segge, Blaugrüner Steinbrech und einige andere, zu denen auch das Edelweiß gehört.

Wie in jeder Zone verändert auch hier das Abweiden die Pflanzenzusammensetzung erheblich. Die dem Vieh wohlschmeckenden Kräuter werden dezimiert, das Borstgras nimmt überhand, und schnellwüchsige und relativ frühblühende Pflanzen siedeln sich an. Darunter sind zahlreiche farbkräftige wie Läusekraut, Habichtskraut, Alpenklee, Kohlröserl, Arnika u. a., was das farbenfrohe Aussehen vieler Bergweiden erklärt.

Typisch für die Moorvegetation — meist in Zusammenhang mit den zahlreichen verlandenden Seen der Ortler-Alpen — sind die wunderschönen weißen Tupfen von Scheuchzers Wollgras, neben denen die Seggen, Binsen und Moose nur wenig auffallen.

Die Nivale Stufe scheint dem oberflächlichen Beschauer in vielen Gebieten fast nur aus Moosen und Flechten zu bestehen. Doch wenn man die richtige Zeit angetroffen hat, kann man um 3000 m Höhe ein hier nicht erwartetes Blumenparadies finden. Mannsschildarten, Edelraute, Steinbrecharten, Polstermiere und Bayerischer Enzian wachsen auf saurem Boden, Gelber Alpenmohn, Rundblättriges Täschelkraut, Alpenleimkraut, Gänsekresse u. a. lieben den basischen Untergrund. Auch in dieser Stufe wechseln sich die Pionierpflanzen entsprechend dem Bodenzustand ab. Der Blumenwuchs beginnt — meist auf Moränenschutt — mit Hornkraut und Gänsekresse. Wenn diese Pflanzen, und natürlich noch viele andere mehr, dem Boden schon ein wenig organische Substanz verliehen haben, folgen Dost und Nelkenwurz, und schließlich ist die Moräne übersät von Gemswurz, Steinbrecharten, Gletscher-Hahnenfuß, Enzianarten und Fleischers Weidenröschen.

All das kann man in einem Bergsommer in den Ortler-Alpen erleben und beobachten, denn von den Pflanzen der Ostalpen wird man hier fast alle finden können. Darüber großartige Berge, was will ein Berg- und Naturfreund mehr?

Tiere

Für die großen und für die Allgemeinheit typischen Alpentiere ist in der Zeit nach dem letzten Krieg ein starker Rückgang sehr beklagt worden. Der Grund dafür soll vor allem in der Jagdleidenschaft weiter Kreise gelegen, aber auch Seuchen und die einsetzende Erschließung dürften sich ausgewirkt haben. Heute ist die Lage — vorwiegend im Stilfser-Joch-Nationalpark — besser geworden.

Neben einigen hundert Hirschen, die vor allem im Martell- und Suldental leben, gibt es sehr viele Rehe. Gemsen haben auch wieder zugenommen und treten besonders zahlreich an den Südabhängen um Peio- und Rabbi-Tal auf. Die interessanteste Gemsen-Beobachtungsstelle dürfte der Weg von Rabbi zum Rif. Saent sein.

Vor kurzem hat man im Nationalpark Steinböcke eingesetzt, und nimmt an, daß sie sich gut eingelebt haben, so daß man hoffen darf, künftig auch diese herrlichen Tiere hier erleben zu können. Murmeltiere gibt es in sehr unterschiedlichen Mengen, woran möglicherweise die mehr oder weniger intensive (verbotene) Jagd auf sie eine Rolle spielt. Relativ häufig sind sie im Fallaschkamm, im Rabbi-Tal und im Forno-Kessel zwischen den beiden Zebrù-Pässen und der Baita Cedec.

Schneehasen kann man in fast allen Teilen antreffen, ebenso Wiesel und Spitzmäuse. Die Schneemaus soll häufig vorkommen; ich selbst konnte nur eine unter dem Weißbrunnerferner beobachten.

Bei den Vögeln ist der Steinadler der auffallendste, den man freilich nur selten erleben kann. Sehr selten ist der Uhu, der nur mehr im Zebrù-Tal vorkommt. Die Laufvögel Schneehuhn, Steinhuhn und Haselhuhn dürften verhältnismäßig häufig auftreten; man kann sie fast in allen Teilen des Gebirges erleben. Dagegen ist es ein großes Glück, das große Auerhuhn zu sehen. Typisch ist der Alpensegler, der selten, aber dann gesellig auftritt. Von jedem leicht zu beobachten ist die Wasseramsel, die auf dem Grund von Gewässern Beute sucht. Neben Schneefink, Alpenbraunelle und Bachstelze gibt es den großen Kolkraben selten und — wie überall in den Bergen — die liebenswerten Alpendohlen sehr häufig, die sich teilweise dem Menschen angeschlossen haben und um Hütten und Müllplätze nisten.

Außer den genannten größeren Tieren leben in den Ortler-Alpen unzählige kleinere, meist nicht einmal bemerkte Tierarten, die aber von verschiedenen Standpunkten her noch interessanter erscheinen als die großen Tiere. Ihre Zahl ist wie in allen Gebirgen — niedriger als in tieferen Lagen, trotzdem bleiben noch einige hunderttausend Arten übrig, von denen nur die eigenartigsten erwähnt werden.

Eine Besonderheit sind die Skorpione, die nicht nur in den tiefsten, wärmsten Lagen vorkommen, sondern sogar unterm Stilfser Joch. Eigenartigerweise tragen diese Spinnentiere den Namen Deutscher Skorpion. Ihr Stich ist zwar nicht giftig, aber doch deutlich spürbar!

Häufig ist der Gletscherfloh auf Schneefeldern als dunkler fleckiger Belag zu erkennen. Es erscheint schon wie ein Wunder, wenn die winzigen Insekten in dieser eisigen Umgebung überhaupt existieren können. Und daß sie sich von Blütenstaub — gerade hier! — ernähren, ist ein weiteres, das stellvertretend für so viele Hochgebirgstiere stehen kann.

Namen in den Ortler-Alpen

Man könnte vereinfachend meinen, die sprachlich gerechten Benennungen wären in Südtirol deutsch und im übrigen Teil des Gebirges italienisch. So wird es allgemein gehalten, und es läßt sich nicht verkennen, daß dieses Verfahren in einem halben Jahrhundert tatsächlich richtig sein wird. Doch heute leben in allen Teilen noch die alten rätoromanischen Bezeichnungen mit den Betonungen meist auf der letzten Silbe — gelegentlich auch auf der ersten.

Es dürfte eigentlich eine selbstverständliche Reaktion eines jeden Menschen sein, Namen so zu verwenden, wie sie von den dort Lebenden gesprochen werden. Schließlich sollte man nicht vergessen, daß jede Verwendung der neueren offiziellen Bezeichnungen eine Mitwirkung bei der Ausschaltung einer anderen Sprache bedeutet. Ich finde es sehr menschlich — im besten Sinn —, daß in Südtirol trotz einer nahezu vollständigen Eindeutschung der alten rätoromanischen Sprache keine Versuche gemacht werden, auch die Orts- und Bergnamen abzuändern und der Umgangssprache, der offiziellen deutschen Sprache anzupassen. Da gibt es auch jetzt noch Piz Chavalatsch, Trafoi, Kompatsch, Razoi, Madritsch, Vertain, Blais usw. Warum sollte man die Herkunft der gleichen rätoromanischen Namen dort verwischen, wo die Sprache noch lebt?

Freilich ist es für den Besucher der Gegend nicht einfach, die alten — wie ich meine — richtigen Namen zu wissen, außer man lernt sie beim Umgang mit Einheimischen kennen. Denn die Landkarten, gleichgültig, ob deutsche, Schweizer oder italienische, geben fast nur die offiziellen Bezeichnungen an. Trotzdem soll hier die Anregung gelten, wo möglich und bekannt die alten Bezeichnungen anzuwenden. Wer schon einmal erlebt hat, welch erstaunte Freude das bei manchen Einheimischen auslösen kann, wird künftig gern zum Beispiel Piz Trésero statt Pizzo Treséro sagen oder Schaß statt Scassio usw.

Im deutschen Sprachgebiet nennt man die Gletscher Ferner, während im übrigen Teil seit alters her Vedretta (nahe verwandt mit Vadret, Vadrec u. ä.) üblich war. Dieses rätoromanische Wort wird seit einiger Zeit langsam, aber sicher vom italienischen ghiacciaio verdrängt.

Bekannt ist bei Bergsteigern der berühmte Hochgipfel über dem Forno-Kessel Palon della Mare. Auch bei ihm dürfte eine willkürliche Veränderung vorliegen. Sehr wahrscheinlich heißt der Berg richtig Palon de Lamare und das Tal unter ihm Val de Lamare. Es ehrt auch italienische Autoren, daß sie in neueren Veröffentlichungen diese alte Bezeichnung gewählt, wenn sie auch aus dem alten de ein di gemacht haben!

Die großen Gletschergebiete der Ortler-Alpen — vor allem der riesige Forno-Gletscher — sind großartige Geländeformen für alle geübten und gutkonditionierten Hochtourenskifahrer, während Nur-Pistenfahrer sich nicht dorthin wagen sollten.

Das letzte Abendlicht auf dem Ortler zeigt seine Nordwestseite mit den »Hinteren Wandlen«, über die der „Pseyrer Josele" seine Erstbesteigung durchführte. Oben erkennt man die Randabbrüche des Oberen Ortlerferners; der Untere ist durch den Nordausläufer der Vorderen Madatschspitze verdeckt.

59

Die Berggruppen

Ortlerkette

Höchster Gipfel: Ortler, 3902 m
Etwa 30 Dreitausender
Grenzen: Trafoier Tal, Suldental, Eisseepaß, Langenferner-Joch, Nördlicher
Zebrù-Paß, Zebrù-Tal, Valfurva, Val Braulio, Stilfser Joch

Diese 20 km lange Kette besitzt die höchsten und schroffsten Gipfel der Ortler-Alpen und fällt gegen Süden in wilden Wänden in die Tiefe, während auf
der Nordseite große, meist langgestreckte Gletscher zu Tal fließen. Von den
nennenswerten Gletschern liegen etwa 14 auf der Nord- und nur 4 auf der Südseite. Eine präzise Zahlenangabe ist schwierig, weil die Meinungen über die
Definition selbständiger Gletscher auseinandergehen. Diese Kette besteht fast
durchwegs aus Kalkgestein, was die Steilheit der Wände und Gipfel — wenigstens zum größten Teil — erklärt. Eigenartigerweise entragt der höchste Gipfel, der Ortler, nicht der Hauptkette, sondern einem Nebenkamm, eine Erscheinung, die auch in anderen bedeutenden Gebirgen auffällt (Silvretta,
Glocknergruppe u. a.).

Der überragenden Erscheinung des Ortlers entsprechend, hat sich das Interesse der Bergfreunde auf ihn konzentriert, was allein schon der stattlichen Größe der Payerhütte zu entnehmen ist. Ein weiterer Grund dafür sind die größeren Gefahren und Schwierigkeiten der anderen Berge — wenigstens in der
Meinung vieler Bergsteiger. Diese Beliebtheit des Ortlers hat sich trotz des
langen Fuß-Anstieges bis heute erhalten.

An Formschönheit wird der Ortler von der Königsspitze übertroffen, dieser
einzigartigen Traumgestalt, die keinen Bergfreund unbeteiligt lassen kann.
Besonders an ihr erweist sich, wie berechtigt das Wort von der westalpinen
Größe der Ortlerberge ist. Wenn auch die Nordabstürze mit der »Schaum-
rolle« das klassische Bild der Königsspitze bestimmen, so ist sie doch auch
von anderen Seiten einzigartig und typisch. Ebenso wie beim Ortler ist ihr
Normalanstieg sehr von den jeweiligen Verhältnissen abhängig. Bei guter
Schneelage — also ohne Blankeis — ist die Besteigung auf der Normalroute
nicht schwierig. Eigenartigerweise wird die Königsspitze mindestens so oft
von Tourenskifahrern erstiegen wie von Sommerbergsteigern, was ein bezeichnendes Licht auf die Veränderungen wirft, die durch das Skifahren auch in
die Zonen der höchsten Berge gebracht worden sind. Wenn auch fast alle Skibergsteiger ihre Ski nicht auf den Gipfel mitnehmen und nicht über das Kö-

Die Königsspitze ist von allen Seiten ein großartiger Berg; hier ist sie von unterhalb des Zebrù-
Gipfels aufgenommen. Links hinter ihr stehen Nördl. Zufallspitze und Zufallspitze, rechts von ihr
der M. Rosole, 3531 m hoch.

nigsjoch, sondern über den Gran-Zebrù-Gletscher aufsteigen, gibt es auch einige Waghalsige, welche die Abfahrt über die stellenweise 50 Grad steile Gipfelpyramide auf sich nehmen, wobei weniger die Abfahrt an sich das Risiko bildet, als das was darunter liegt. Stürzen darf man dort nicht!

Wenn man auf dem Gipfel die Stellungsreste aus dem 1. Weltkrieg erblickt und ein wenig weiterdenkt, wird man der österreichischen Gipfelbesatzung den Respekt noch nachträglich zollen müssen, um so mehr, wenn man bedenkt, daß sie dort Tag und Nacht, bei jedem Wetter und zu jeder Jahreszeit aushalten mußte.

Die Form der Königsspitze macht es verständlich, daß sie schon früh ein Anziehungspunkt war. Ihre eindrucksvollste Seite weist mit ihrer Nord-Wand gegen Sulden, von wo sie auch konsequenterweise Königswand genannt wird. Daß die ersten Besteigungen des Berges nicht von dieser Seite erfolgt sind, dürfte sicher auf die abschreckenden Wände und den daraus erwachsenen Respekt zu erklären sein. Über der ersten Königsspitzen-Besteigung im Jahr 1854 liegen leider die Schatten der Zweifel, was wahrscheinlich sehr ungerecht ist. Natürlich muß der Bericht des Franziskanermönchs Stefan Steinberger auf viele Leute wie ein Märchen gewirkt haben. Die einen hielten den weiten und schwierigen Weg für nicht menschenmöglich, für andere schien es — unausgesprochen — untragbar, daß ein »alpines Nichts« wie dieser Zwanzigjährige nach diesem Lorbeer zu greifen gewagt haben sollte. Nun, wir kennen aus der Geschichte des Alpinismus oder aus manchen Kriegen verbürgte Beispiele unglaublicher Leistungen, und außerdem sollte zu denken geben, daß Steinberger — wohl ohne jede nähere Kenntnis — den richtigen, d. h. den leichtesten und sichersten Anstieg gewählt hatte. Zusätzlich darf nicht übersehen werden, daß er — um diesen günstigen Anstieg zu erreichen — wesentlich weiter gegangen sein muß, als es nach oberflächlicher Betrachtung nötig gewesen wäre. Ich habe die Königsspitze-Südabstürze lang mit dem Fernglas betrachtet und kann nur sagen, daß ich zum gleichen Entschluß wie Steinberger gekommen wäre, nämlich die sogenannte Pale-Rosse-Rinne lieber zu meiden. Denn es war Tagesmitte, in der der Steinschlag schon begonnen hatte, als Steinberger vor dieser Wand stand. Ich zweifle nicht an Steinberger, der eine Route gefunden hatte, die auch jetzt noch begangen wird — freilich nicht in so kurzer Zeit.

Erst zehn Jahre später wurde die Königsspitze wieder bestiegen, und zwar von Engländern mit Schweizer Führern — und wieder kamen sie nicht von der Suldener Seite. Ihr Weg war klar vorgezeichnet, wie jeder ihn auch sehen kann, der durch das Cedec-Tal aufwärtswandert. Den Schweizer Führern dürfte diese deutliche Anstiegsroute keine Schwierigkeiten bereitet haben.

Nach diesen ersten Besteigungen auf dem »Normalweg« folgten viele auf anderen schwierigeren und gefährlicheren Wegen, deren Höhepunkt die Bezwingung der Königsspitze-Nordwand war. Sie war gut verlaufen, wenn auch einer der Erstbegeher »eine gehörige Portion Glück« für nötig hält. Welche Bedeutung diese Portion Glück besitzt, zeigten auf schreckliche Weise die tödlichen Ausgänge der nächsten Besteigungsversuche.

Von der Aussicht von der Königsspitze schwärmen — zu Recht — viele Bergsteiger. Der wilde Grat über den Zebrù zum Ortler, die Tiefblicke nach Sulden, die ferne Bernina, die gleißenden Schneeflächen um Zufallspitzen und Cevedale und die Klötze der Dolomiten sind alles Ausschnitte, die man lange Zeit wird bewundern können, ohne dessen müde zu werden. Die Krönung ist jedoch der einzigartige Forno-Kessel mit dem riesigen Forno-Gletscher und seiner 13gipfeligen Umrahmung, hinter der Brenta, Presanella und Adamello aufragen.

Wenn man von den Normalanstiegen auf Ortler und Königsspitze absieht, sind die Gipfeltouren des östlichen Teiles der Ortlerkette nur dem erfahrenen Bergsteiger vorbehalten. Im westlichen Teil dagegen gibt es einige Touren, die auch dem Normal-Bergsteiger Freude bringen können. Zu diesen Gipfeln, die alle über 3400 m hoch sind und geradezu phantastische Tiefblicke auf Bormio vermitteln, gehören Geisterspitze, Hintere Madatschspitze, Kristallspitzen, Hohe Schneid. Für die Querung der ausgedehnten Gletscherfelder — vor allem Eben- und Madatschferner — benutzt man mit Vorteil die Ski.

Die Höhenlage und die Gletscher südlich des Stilfser Jochs haben dort ein Sommerskigebiet mit Hotels, Skiliften und Seilbahn entstehen lassen.

Eine der großartigsten Unternehmungen in der Ortlerkette — wenn man von der Ortlerbesteigung absieht — ist der Weg sozusagen auf Steinbergers Spuren vom Stilfser Joch über Eben- und Madatschferner zum Tuckettjoch, über die Gletscher der Südseite zum Rif. Quinto Alpini und weiter über den Gran-Zebrù-Gletscher und über den Normalanstieg auf die Königsspitze. Bergtouren in solcher Ausdehnung und immer mit der Bereitschaft etwa zu biwakieren, an zwei oder mehreren Tagen alle Stimmungen, Tageszeiten und verschiedene Wetterarten zu erleben, das sind wohl erst die Voraussetzungen, mit einem Gebirge gut Freund zu werden. Deshalb sollten — um einem alten Wort zu folgen — nicht Gipfel und Wände die Ziele sein, sondern der gesamte Weg!

Hochgelegene Ausgangspunkte:

Straße Stilfser Joch, 2756 m	Ausgangsorte Trafoi, Bormio
Seilbahn Schaubachhütte, 2573 m	Ausgangsort Sulden
Straße Forno, 2176 m	Ausgangsort S. Caterina

Laaser Berge

Höchster Gipfel: Vertainspitze, 3544 m
Etwa 25 Dreitausender
Grenzen: Vinschgau, Martelltal, Eisseepaß, Suldental, Suldenbach

Das Zentrum dieser Berge am Nordrand der Ortler-Alpen ist um den großen Laaser Ferner gruppiert, der zu den größten Gletschern des Gebirges gehört, was weithin unbekannt geblieben ist. Beinahe ein Forno-Kessel im kleinen könnte man sagen, aber mit einer Umrahmung, die sich mit ihm messen kann! Zehn Dreitausender ragen über dem Laaser Ferner und seinen zwei Nebengletschern, Angelus- und Ofenferner, auf und lassen Bilder entstehen, die zu den großartigsten in diesem Gebiet gehören. Mit einem umfangreichen

Aus dem Vinschgau bilden die weißen
Berge der Umrahmung des Laaser Ferners den packenden Gegensatz zu den
blühenden Mohnfeldern, die fast 2400 m
tiefer liegen. Unter diesen Bergen ist der
Einschnitt des Laaser Tals zu erkennen
und links oben die aus Kalk aufgebaute
Jennewand.

Nährbecken und einer ausgeprägten Gletscherzunge gehört er zum Typ der alpinen Gletscher, während die überwiegende Zahl der Ortlergletscher zum Pyrenäen-Typ gezählt wird.

Obwohl die Laaser Berge aus dem ganzen Vinschgau zu sehen sind und von dort auch eindrucksvoll erscheinen, gehört ihr größter Teil doch zu den weniger bekannten Gebieten des ganzen Gebirges und Südtirols. Nur zwei Ausnahmen gibt es:

Das Zay-Tal und seine Gipfelumrahmung, wofür neben einer herausragend schönen Landschaft die bekannte Düsseldorfer Hütte, die Sesselbahn zur Kanzel und die Nähe von Sulden verantwortlich sind.

Die andere Gegend ist das Madritschjoch mit der Hinteren Schöntaufspitze, einer der eindrucksvollsten Aussichtsgipfel der Alpen. Das Madritschjoch kann von der Schaubachhütte, zu der eine Seilbahn führt, leicht und schnell erreicht werden, aber auch auf schönem, wenn auch etwas längerem Weg aus dem Martelltal.

Die Laaser Berge sind aus Schiefergestein aufgebaut, was sich in Farben und weniger kantigen Formen äußert. Das heißt noch lange nicht, daß diese Berge abgerundet sind, sie haben Grate und ausgeprägte Spitzen, aber für den Bergsteiger sind sie auf den Normalwegen — im Gegensatz zu den hohen Gipfeln der gegenüberstehenden Ortlerkette — leichter zu ersteigen. Trotzdem bleibt noch eine Menge schwierigster Anstiege und Klettereien. Ein Lob der Berge um das Zay-Tal ist wahrscheinlich überflüssig, so verdient es auch wäre. Hier locken mehrere hohe Gipfel — fast durchwegs berühmte und beliebte Aussichtsberge, die auf leichten Wegen zu ersteigen sind: Hinteres Schöneck, Tschenglser Hochwand, Schafberg, Hoher Angelus, Kleiner Angelus. Wirklich kein Wunder, daß diese Gegend gern und häufig besucht wird! Natürlich gehört auch der höchste Gipfel, die Vertainspitze, in diese Aufzählung Sie ist allerdings auf leichtem Weg nur mit einem Umweg über das Rosim-Joch zu ersteigen.

Auch der südlichste Teil um Eisseepaß und Madritschjoch bekommt häufiger Besuch, der allein wegen der Schau zur Königsspitze, ins Sulden- und Martelltal schon lohnend ist. Aber die meisten Gipfel des Laas-Marteller Kammes sind bis heute still geblieben. Gerade dort lassen sich die schönsten Gratwanderungen der Ortler-Alpen erleben. Ohne größere Schwierigkeit kann man den ganzen Kamm von der Laaser Spitze zur Schildspitze begehen und sogar weiter zum Eisseepaß. Das ist eine große Unternehmung, bei der 13 Gipfel überschritten werden, von denen keiner unter 3200 m ist und auch die Scharten bleiben über 3000 m. Ein Weg von 15 km Luftlinie, hoch über Gletschern und Tälern und stets vor sich und immer näherrückend das großartige Dreigestirn Königsspitze-Zebrù-Ortler. Diese Tour nimmt von Laas bis zur Schaubachhütte bzw. Sulden zwei bis drei Tage in Anspruch, in denen man keine anderen Menschen sieht und völlig auf sich gestellt ist. Eine echte Expedition im Herzen Europas!

Der letzte Berg in diesem Kamm, die Jennewand, läßt die geologische Vielgestaltigkeit der Ortler-Alpen auf frappante und nicht erwartete Weise selbst erkennen. Sie bietet eine eigenartige Erscheinung, da sie zum großen Teil aus Laaser Marmor besteht, der weiß und mit dunkler Bänderung durchsetzt ist.

66

Wegen ihrer gegen den Vinschgau vorgeschobenen Lage und ihrer günstigen Erreichbarkeit von der Göflaner Alm ist sie ein herausragender Aussichtsberg mit schöner Form und großartigen Einblicken in den Kessel des Laaser Ferners, sozusagen ein Gipfel mit drei Sternen!

Eine andere selten unternommene Tour ist die Umrundung des Laaser Ferners über einige Dreitausender oder über alle Randgipfel. Obwohl diese Berge in erster Linie dem Bergsteiger alle Möglichkeiten bieten, bleiben auch für den Skibergsteiger noch genug hochalpine Touren. Vom Zay-Tal aus läßt sich einiges unternehmen, und auch der Laaser Ferner ist mit Einschränkungen geeignet. Doch das Laaser Tal und die Abhänge über dem Martelltal sollten wegen Steilheit und der damit verbundenen Lawinengefahr mit Vorsicht genossen werden!

Hohe Ausgangspunkte:

Lift zur Kanzel, 2350 m	Ausgangsort Sulden
Seilbahn zur Schaubachhütte, 2573 m	Ausgangsort Sulden

Confinale-Kamm

Höchster Gipfel: M. Confinale, 3370 m
9 Dreitausender
Grenzen: Val Zebrù, Val Cedec, Val Forno, Valfurva

Man nennt ihn zwar romantisierend den »Gornergrat der Ostalpen«, aber es ist beim Titel geblieben, denn bestiegen wird dieser einzigartige Aussichtsbalkon kaum einmal. Als ich einmal in diesem Gebiet weglos unterwegs war und im Nebel längst den Kamm bei der östlichen Forno-Spitze vom M. del Forno her erreicht hatte, glaubte ich das nicht, denn auf dem Wächtengrat der auf und ab führte, war keine Spur zu finden. Erst als kurze Zeit später die Nebel aufrissen, sah ich, daß ich die höchste Forno-Spitze schon fast erreicht hatte. Tief unten lag das grüne besonnte Val Zebrù, gegenüber Hängegletscher und wilde Abstürze, die zu wolkenumzogenen Gipfeln leiteten: Thurwieserspitze und Zebrù. Königlich ragte die Königsspitze hell hinter den dunklen Cime Pale Rosse, und vielleicht habe ich sogar den Ortler gesehen. Aber wer will das bei diesem Wolkenbrauen behaupten? Trotzdem muß ich den Ehrentitel für diesen Bergkamm bestätigen. Er ist groß wie der Gornergrat, und seine Schau-Berge stehen im Norden. Aber wohin man auch blickt, überall ragen andere formschöne Bergriesen auf, grüßen grüne Täler herauf, daß man für den Confinale-Kamm ein eigenes Prädikat erfinden müßte!

Wer die Gratwanderung über die Gipfel des Confinale-Kammes — zweifellos eine der eindrucksvollsten der Alpen — probieren will, dem sei folgende unschwierige Route empfohlen, für die man etwa 8 bis 9 Stunden ansetzen sollte: Forno—Sasso Prealda—Lago Manzina—Grateinsenkung zwischen Westl. Cima del Forno und Cima Manzina—Cima Manzina—Monte Confinale — alle Gipfel gegen Osten überschreiten — Abstieg über den Rücken Monte del For-

Über das Kirchlein Madonna di Oga und die Häuser des tief unten liegenden Bormio schaut man zum westlichen Teil der Confinale-Gruppe und ins Valfurva. Links von der Kirchturmzwiebel erhebt sich die Königsspitze, ganz rechts stehen schon Berge über dem Forno-Kessel.

69

no. Noch vernünftiger wäre der Weg vom Lago Manzina direkt zum Confinale-Gletscher und über ihn — wahrscheinlich viele Spalten — zum Ost- oder Südgrat.

Alles in allem darf man sagen: Eine Berggruppe für Feinschmecker!

Hochgelegener Ausgangspunkt:

Forno, 2176 m   Ausgangsort S. Caterina-Valfurva

Forno-Gruppe

Höchster Gipfel: Cevedale, 3778 m
35 Dreitausender
Grenzen: Langenfernerjoch, Fürkelescharte, Val de Lamare, Val del Monte, Passo Montozzo, Val delle Messi, Gavia-Paß, Val Gavia, Val del Forno, Val Cedec

Ist die Ortlerkette eine Aneinanderreihung scharfer Grate, Kanten und Gipfel, so erscheint daneben die Forno-Gruppe eher wie das Wogen eines sturmbewegten Meeres. Das gilt vor allem im Winter und Frühjahr, wenn alle Felsen von Schnee bedeckt sind, und man keine Spalten erkennen kann. Aber auch wenn der Sommer Einzelheiten zutage treten läßt, überwiegt bei diesen Schieferbergen der Eindruck des Abgeschliffenseins. Ihr trotzdem beachtlicher Eindruck ergibt sich aus ihrer absoluten Höhe und ihrem Gletscherreichtum. Ein bedeutender Teil dieser Berge ist von Gletschern bedeckt, vor allem vom Forno-Gletscher, der allein über ein Drittel des Eises der Forno-Gruppe stellt. Während man sich aus dem Inneren des Forno-Kessels mit durchschnittlich 2300 m Höhe von riesigen Gletscherfeldern von Nordosten bis Südwesten umgeben sieht, die zu den bis 1300 m höheren Gipfeln ansteigen und sie häufig überlappen, erscheinen die Randberge von Süden völlig anders. Über 2000 m brechen ihre Wände in die Täler ab, und das Weiß der Gletscher ziert nur die Gipfelzonen.

Gleichgültig, von welcher Seite man die Forno-Berge betrachtet, sie wirken von überall in starker Weise auf den Bergfreund — und sie halten alles, was sie zu versprechen scheinen. In diesen Bergen treten die technischen Schwierigkeiten und viel, was mit dem Klettern zusammenhängt in den Hintergrund. Das heißt nicht, daß man das Klettern vergessen dürfte, aber eben doch, daß die Eiserfahrung, der Orientierungssinn, das Umgehen mit Karte, Kompaß und Höhenmesser an erster Stelle stehen.

Es ist eigentlich selbstverständlich, daß die Überschreitung so großer, geneigter Gletscherflächen geradezu herausfordert, die Ski zu benutzen. Und das wird hier sehr ausgiebig geübt bis in den Hochsommer hinein, in dem sich der Schnee bis zu den Gletschern zurückgezogen hat und man die Bretter sehr weit tragen muß. Der Genuß vieler Touren in der Forno-Gruppe setzt zwar nicht unbedingt Ski voraus, sie sind aber zweifellos ein guter Weg, um verkürzte Abstiegszeiten mit dem Vergnügen langer Abfahrten zu verbinden.

In vielen Fällen wird auch der Anstieg erleichtert, weil man weniger einsinkt.

Das überragende Ziel an Beliebtheit wie an Höhe ist der Cevedale, der höchste Skiberg der Ostalpen, der bis zum Gipfel mit Ski erstiegen werden kann — selbstverständlich nur bei guten Verhältnissen. Der Cevedale ist kein Einzelgipfel, sondern steht mit zwei anderen in enger Nachbarschaft, den beiden Zufallspitzen, die nur 14 bzw. 90 m niedriger sind. Während man aus dem Val Cedec nur den Cevedale erblicken kann, sind aus dem Martelltal nur die beiden Zufallspitzen zu sehen. Es ist bedauerlich, daß die Bevorzugung nichtdeutscher Namen u. a. dazu geführt hat, daß heute auch die Zufallspitzen Cevedale genannt werden.

Auf jeden Fall sind der Cevedale und oft mit ihm zusammen die Zufallspitzen die besuchtesten Berge der Ortler-Alpen im Frühjahr, und die Aussicht rechtfertigt das. Allein die Schau zur Königsspitze und auf den Forno-Gletscher sind imstande, höchste Begeisterung zu wecken. Die Lage des Berges im Zentrum dieser klassischen Ortlergruppe ist auch besonders günstig. Das gilt für die Sicht von ihnen und vielleicht noch ausgeprägter für ihre Sichtbarkeit von allen Seiten. Das hat dazu geführt, daß ein großer Teil des beschriebenen Gebirges in Italien Ortler-Cevedale-Gruppe genannt wird.

Die Skiabfahrt vom Cevedale führt über 1000 Höhenmeter, ein einzigartiges Vergnügen in dieser Hochgebirgslandschaft, das man von der berühmten, leider oft überfüllten, Casati-Hütte bzw. von der Pizzini-, Schaubach- oder auch Zufallhütte erleben kann. Übrigens war auch dieser Gipfel im 1. Weltkrieg von Österreich besetzt.

Der an Beliebtheit nächste Skigipfel ist der zweithöchste, der Palon de Lamare mit immer noch über 3700 m Höhe, für den die Branca-Hütte der beste Ausgangspunkt ist. Dieser Berg, ein gletscherüberzogenes, weiträumiges Massiv, gilt als einer der leichtesten Hochgipfel der Alpen, was allerdings nur bei gutem Wetter zutrifft. Schließlich ist noch die Punta S. Matteo zu nennen, der höchste Berg der Südumrahmung des Forno-Gletschers, sozusagen das Gegenüber des Palon de Lamare. Zur Rundsicht in die Ferne treten hier die Tiefblicke in das Val del Monte und zur fast ebenen Fläche des oberen Val Gavia. Die Besteigung der Punta S. Matteo ist eine reine Eistour, welche die ganze Wildheit und Zerrissenheit des Forno-Gletschers offenbart. Diese zwar nicht schwierige, aber eben wegen der ausgedehnten Spaltensysteme Vorsicht und Erfahrung erfordernde Tour wird häufig auch von Skibergsteigern, natürlich nur im Frühjahr und Frühsommer unternommen. Dabei kann der Weg über den Bärenpaß genommen werden, wo eine Biwakschachtel Schutz gewährt.

Dieser Berg hat sich durch die Ereignisse des 1. Weltkrieges eine gewisse Bekanntheit erworben. Nachdem er lange Zeit von Österreich besetzt war, eroberten ihn die Italiener, die ihn drei Wochen später wieder hergeben mußten. Das waren die Nahkämpfe in den größten Höhen, fast 3700 m hoch — zweifellos ein Superlativ besonderer Art!

Der Eckpunkt des Forno-Kammes im Südosten, der 3644 m hohe M. Vioz, hebt sich aus seinen Nachbarn nicht nur durch seine Lage mit den wohl phantastischsten Tiefblicken in das Tal von Peio und in den Sulzberg, son-

Von unterhalb des Confinale-Kammes erblickt man hier die westliche Umran-
dung des Forno-Gletschers: Punta San
Matteo, 3684 m, Cima Dosegú, 3555 m,
Punta Pedranzini, 3596 m, und Piz Trésero, 3608 m. Die vor den genannten
Gipfeln stehenden Berge gehören ebenfalls zu dieser Umrahmung. Vor der
C. Dosegú ragt die C. San Giacomo,
3280 m, auf.

73

dern auch durch seine gute Erreichbarkeit von Süden und seine Hütte heraus. Diese Hütte, Rif. Mantova oder Rif. Vioz, früher Hallesche Hütte des DÖAV, steht in 3535 m Höhe, ist also die zweithöchste Hütte der Ostalpen. Den Vioz-Gipfel kann man von ihr in einer Viertelstunde erreichen und von ihm aus noch weitere Touren unternehmen. Aber das Schönste ist zweifellos die Möglichkeit des Aufenthaltes in dieser Höhe zu verschiedenen Tages- und Nachtzeiten.

Der formschönste Gipfel unter den hohen Forno-Bergen ist der scharfkantige 3602 m hohe Piz Trésero, der das Valfurva, Bormio und sogar noch Teile des Valdidentro mit seiner Gestalt bildlich beherrscht. Er ist von der Punta S. Matteo her zu erreichen, aber — vor allem für Sommerbergsteiger — noch besser vom Gavia-Paß her. Eine Biwakschachtel in Gipfelnähe erleichtert die Besteigung, die zu den beliebtesten gehört.

Die Formen der Forno-Berge und ihre Gletscherbedeckung lassen die Möglichkeit einer Überschreitung des ganzen Kammes ahnen. Die gibt es, wenn auch mit einer Einschränkung, auf dem teils schwierigen Taviela-Kamm, den man aber angeblich nördlich gut umgehen kann. Obwohl der ganze Kamm von 20 km Länge (Luftlinie) schon in einem Tag begangen wurde, wobei der Weg über 13 Dreitausender ging, ist doch eine Zweiteilung und Übernachtung in der Vioz-Hütte vorzuziehen. Die Tour findet fast ausschließlich auf Schnee (über Eis) statt und läßt nur wenig Fels betreten. Besondere Vorsicht ist natürlich überall angebracht, trotzdem sollte immer wieder auf die weitausladenden Wächten des Dosegù-Kammes hingewiesen werden. Mit einer solchen Wächte sind Payer und Pinggera 250 m auf den Forno-Gletscher gestürzt, ohne daß ihnen dabei etwas passiert ist. Aber wer kann schon mit so viel Glück rechnen? Der Teil zwischen Bärenpaß und M. Vioz ist größtenteils problemlos, aber die Grate von P. Taviela und P. Santa Caterina erfordern — vor allem wegen der oft eisüberzogenen Felsen — große Vorsicht. Der Weiterweg nach Norden enthält nur auf den Felsen über dem Rotfernerpaß noch eine im allgemeinen unschwierige Kletterei.

Die Forno-Berge können von vier Seiten relativ gut erreicht werden:

Straße nach Forno, Albergo »Buzzi«, 2176 m, Ausgangsort Santa Caterina

Straße im Martelltal bis Hotel »Paradies«, 2088 m, Ausgangsort Martell

Straße zur Malga de Lamare, Stausee, 2030 m, Ausgangsort Cògolo

Seilbahn und Sesselbahn Doss dei Gembri, 2350 m, Ausgangsort Peio

Zu den interessantesten, wenn auch nicht den höchsten Gipfeln über dem Forno-Kessel gehört der Nachbar des Cevedale, der M. Pasquale mit 3559 m Höhe, der neben wildzerrissenen Gletscherflanken auch gute Abfahrtsmöglichkeiten hat.

Venezia-Zufritt-Eggen

Höchster Gipfel: Hintere Eggenspitze, 3442 m
25 Dreitausender
Grenzen: Martelltal, Soy-Scharte, Ultental, Kirchbachtal, Rabbi-Joch, Rabbi-
Tal, Sulzberg, Val Peio, Val de Lamare, Val Venezia, Fürkelescharte

Waren die bisher dargestellten Untergruppen der Ortler-Alpen durchwegs aus-
gesprochenes Hochgebirge, so ist das bei dieser Gruppe nur zur Hälfte der
Fall. Denn es wurde aus Gründen der klaren Trennung ein Gebirgsteil ein-
geschlossen, der in vielen Einteilungen nicht zur Ortlergruppe gerechnet, sondern nur als eine Art von Vorbergen angesehen wird. Es ist das Gebiet zwischen Val Cércena, Val Rabbi, Sulzberg und Peio-Tal mit beachtlichen, aber
nicht mehr vergletscherten Gipfeln um Cima Grande, Vegaia, Valletta und
Tremenesca. Es ist eine urtümliche, hoch hinauf bewaldete Berglandschaft,
über der ein Kamm von Bergen zwischen 2900 und 2700 m aufragt, der sich
im Osten verzweigt und mit den beiden Kammenden ein Seegebiet einschließt,
das zu den reizvollsten Stellen gehört. Dort ruht der Lago Rotondo, der größte natürliche Bergsee des Gebietes. Wegen der Lage in der Hälfte zwischen
den großen Ortlerbergen und ihren Gletschern und der Presanella- und Bren-
ta-Gruppe besitzen sie natürlich wunderbare Landschaftskulissen zu einer
nur im obersten Teil felsigen, sonst eher romantischen und versonnenen Berg-
welt. Zahlreiche Alpwege durchziehen diese Berge, außerdem gibt es erstaun-
lich viele Markierungen, von denen zwei sogar aus dem Peio-Tal bzw. Sulzberg in das Rabbi-Tal leiten. Die überwiegende Zahl der Gipfel — es sind
immerhin 13 Gipfel über 2500 m — ist unschwierig, wenn auch weglos, zu ersteigen. Wer die langen Anstiege aus den Tälern abkürzen will, dem stehen
folgende Erleichterungen zur Verfügung:

Straße Malga le Pozze, 2395 m   Ausgangsort Ortisé (Sulzberg)
Malga Cércena, 2147 m   Ausgangsort Rabbi
Malga Borghe, 1808 m   Ausgangsort Cògolo

Der Nordteil dagegen schließt direkt an die ausgedehnten Gletschergebiete
und die hohen Gipfel um den Cevedale an und steht ihnen im Durchschnitt
an Höhe nicht viel nach. Als landschaftlicher Vorzug vor den höheren Bergen können die ausgeprägteren Gipfel- und Wandbildungen nicht übersehen
werden. Besonders typisch erscheint das Horn der Zufrittspitze oder die Wände, die von der Schranspitze in das obere Martelltal stürzen und über sich
die Gletscher erkennen lassen, deren Schmelzwässer als Wasserfälle über
die Wände stürzen. Dieser hochalpine Teil besitzt im Westen die ausgedehn-
testen Gletscher und im Osten höhere Gipfel. Obwohl ein durchgehender
Bergkamm von Westen nach Osten zieht, werden von Bergsteigern im allgemeinen nur die Gipfel im Westen, die Gruppe der Venezia-Spitzen und die
im Osten um Hintere Eggenspitze und Zufrittspitze zur Kenntnis genommen.
Die Berge dazwischen sowie die im Kamm, der die Verbindung zum südli-

Das bei allen Bergsteigern wohlbekannte Dreigestirn der Ortler-Alpen: Königsspitze, Zebrù und
Ortler, ist aus Nord- bis Ostrichtung in eindrucksvollster Weise zu bewundern. Hier geht die
Schau von der Lorkenspitze über den Nonnenferner nach Westen.

chen Teil herstellt, werden kaum aufgesucht. Das bedeutet völlig stille Zonen in einer Berglandschaft, die sowieso nie überlaufen ist.

Die Gruppe der Venezia-Spitzen trägt auf der Südseite den mächtigen Gletscher Vedretta del Careser (deutsch Moosferner), einen der größten der Ortler-Alpen, was wegen seiner südgerichteten Lage so verwunderlich erscheint. Diese Berge sind ein äußerst lohnendes Ziel für Skifahrer, aber auch für Sommerbergsteiger, wobei man Zufall- oder Larcherhütte als Ausgangspunkt wählen kann. Dabei werden Rundtouren bevorzugt, bei denen im allgemeinen die Köllkuppe oder Cima Marmotta, die drei Venezia-Spitzen und die Hintere Rotspitze überschritten werden. Die Rückwege erfolgen zur Zufallhütte über das Sällentjoch oder den Ultenmarkt-Ferner, zur Larcherhütte quer über den Moosferner oder Vedretta del Careser. Zweifellos lauter Unternehmungen, die zu den reizvollsten gehören und so unschwierig wie gefahrenarm zu nennen sind.

Der östliche Teil besteht neben niedrigeren und weniger auffallenden Gipfeln aus kleineren Berggruppen, dem Stock der mächtigen Zufrittspitze, die auf dem Normalweg in mäßig schwieriger Kletterei zu ersteigen ist, und den von der Lorkenspitze gegen Süden abzweigenden Kamm der Eggenspitzen. Vom Aussehen her kann die Zufrittspitze natürlich mehr Verlockung ausstrahlen, um so mehr, als sie eben auch als ein Genußkletterberg angesprochen werden kann. Doch auch die höhere Hintere Eggenspitze ist — vor allem von Norden gesehen — eine beachtliche Gestalt, deren Nordwestgrat bei entsprechender Schneemenge ein wenig an den Bianco-Grat erinnern könnte und sorgfältige Sicherung verlangt. Bei wenig oder weichem Schnee dagegen kann jeder diesen Grat begehen. Bei guten Verhältnissen ist die Rundtour Höchsterhütte, Lorkenspitze, Hintere Eggenspitze, Eggenspitze eines der eindrucksvollsten Erlebnisse, denn in diesen Bergen befindet man sich sozusagen am Rand des Hochgebirges, was die Schau auf das Gewoge der vorwiegend grünen Berge im Osten mit den Blicken auf Cevedale, Königsspitze, Ortler und viele andere verbindet.

Noch ein Gipfel in dieser Landschaft verdient eine besondere Erwähnung, einmal aus den gerade angegebenen Gründen und zum anderen, weil man seinen Besuch zu einer Seen-Rundwanderung ausbauen kann, welche den Zusammenklang von Wässern und Bergen in einer Vielfalt zeigt, wie man sie nur selten so schön wird treffen können. Der Weg Weißbrunn, Schwärzerjoch, Gleck (2956 m hoch), Rabbi-Joch, St. Gertraud führt an etwa elf Seen vorbei. Keine große Unternehmung, aber sicher eine genußreiche!

Folgende Straßen führen in den Nordteil dieses Gebietes, der vollständig zum Nationalpark gehört:

Straße im Martelltal bis Hotel »Paradies«, 2088 m, Ausgangsort Martell
Straße zum Weißbrunn-Stausee — Ausgangsort St. Gertraud
Straße zur Malga Stablazòl, etwa 1500 m — Ausgangsort Rabbi
Straße zur Malga Samoclevo, 1891 m — Ausgangsort Rabbi
Straße zur Malga de Lamare, 2030 — Ausgangsort Cògolo

Hasenöhrlkamm

Höchster Gipfel: Hasenöhrl, 3256 m
4 Dreitausender
Grenzen: Vinschgau, Etschtal, Ultental, Soyscharte, Martelltal

Dieser lange Kamm ist der Ostteil des längsten Bergzuges der Ortler-Alpen, der bei der Zufallspitze abzweigt, etwa gegen Ost-Nord-Ost führt und erst mit dem Vigiljoch über Meran und Lana endet. Von der Soyscharte aus gerechnet ist er immer noch fast 30 km lang. Von vielen wird er gar nicht mehr zur Ortlergruppe gerechnet, und auch das Hasenöhrl ist nur als einer der Randberge anerkannt. So kann man über diesen Kamm folgendes lesen: »...eine Reihe von leicht zugänglichen Erhebungen, die keinen besonderen Reiz bieten«. Natürlich wird der diesen Bergen keinen Reiz abgewinnen können, der nur mit Höhen oder Schwierigkeiten rechnet, aber jeder andere, der mit dem Herzen dabei ist, dem können die Berge des Hasenöhrl-Kammes ebensoviel bedeuten wie anderen ein Viertausender. Immerhin ragen diese »Erhebungen« 2000 m über den Vinschgau, das Hasenöhrl sogar 2500 m. Das sind Höhenunterschiede, die nicht nur beweisen, daß sich diese Berge sehenlassen können, sondern sie lassen auch eine Talschau vermuten, die zu den stimmungsvollsten gehört, die man sich vorstellen kann. Das Gefühl einer befreienden Weite mit der unbehinderten Schau in tiefe Täler zu beiden Seiten, wird man nur bei solchen Wanderungen empfinden können, wie man sie eben in diesem Kamm in fast idealer Weise erleben kann. Und tatsächlich kann das jeder, der bereit ist, einige Stunden zu wandern und zu steigen, denn Schwierigkeiten gibt es auf den markierten Wegen nicht. Zum Beispiel der Weg von der Vigiljoch-Seilbahn auf die 2608 m hohe Hochwart und der Abstieg nach St. Pankraz im Ultental ist eine Sache, die bei einigermaßen gutem Wetter unvergeßlich bleiben wird. Da stehen gegenüber auf der anderen Seite des Vinschgaues die zackigen Gipfel der Texelgruppe und die anderen Ötztaler Berge, da schaut man den grünen Vinschgau entlang, bis er sich nach Norden zum Reschen wendet und sieht 2000 m tiefer fast unzählige Orte und Häusergruppen zwischen Obstbaumhainen, man sieht den Rauch aufsteigen, hört aber nichts vom geschäftigen Treiben der Zivilisation. Und auf der anderen Seite liegt das Ultental, über dem wieder eine Bergkette aufragt, ein Teil der Proveiser Berge, die ebenfalls eine Hochwart besitzen. Bei ein wenig Ausdauer läßt sich dieser Höhenweg weiterverfolgen über die Drei Seen, das Rontscherjoch und die Koflraster Seen.

Natürlich ist das vergletscherte Hasenöhrl die Krönung dieses Kammes. Mehrere markierte oder auch nicht gekennzeichnete Wege führen auf diesen herausragenden Gipfel. Der kürzeste läßt das Hasenöhrl vom Arzkersee über die Blaue Schneid ersteigen. Die Aussicht von diesem Gipfel ist deshalb so beeindruckend, weil man, neben Vinschgau und Ulten, in ein weiteres Tal, das Martelltal und seinen großartigen vergletscherten Talschluß blicken kann.

Hochgelegene Ausgangspunkte:
Straße zum Weißbrunnsee Pilshof, etwa 1700 m — Ausgangsort St. Gertraud
Straße zum Arzkersee, 2170 m — Ausgangsort St. Walburg
Seilbahn Vigiljoch, 1490 m — Ausgangsort Lana
Sesselbahn Larchbühel, 1834 m — Ausgangsort Lana

In wunderschöner Lage steht die Zufallhütte hoch über dem Martelltal und läßt
die Blicke zur Texelgruppe über Meran,
zum Zufrittsee tief unten und zur Zufrittspitze rechts oben gehen. Sie ist einer der schönsten Ausgangspunkte für
Hochtouren in den Ortler-Alpen.

80

Proveiser Berge

Höchster Gipfel: Karspitze, 2750 m
Grenzen: Ultental, Gampenpaß, Nonsberg (Novellabach), Sulzberg, Rabbi-Tal,
    Rabbi-Joch, Kirchbergtal

Die Benennung dieser Berge nach Proveis ist sicher keine ideale Lösung, aber immerhin ist Proveis der einzige Ort im Haupttal dieser Berge, es liegt direkt zu ihren Füßen und es ist relativ bekannt. Dazu kommt noch die Tatsache, daß für einen großen Teil der Gipfel Proveis den günstigsten Ausgangspunkt darstellt.

Die Proveiser Berge bestehen in ihren Gipfellagen zur Hauptsache aus Tonale-Gneis. Sie sind eine lange Bergkette, die Fortsetzung des über die Eggenspitzen und den Gleck zum Rabbi-Joch ziehenden Kammes, und wenigen Seitenkämmen. Der Hauptkamm setzt sich hinter dem Gampenpaß im Mendel-Gebirge fort.

Viele Bergfreunde werden vielleicht spontan äußern, noch nie von diesen Bergen gehört, geschweige denn sie gesehen zu haben. Das ist ein Irrtum für diejenigen, die schon im Ultental waren, denn dieser Kamm bildet dessen südliche Begrenzung. Das stimmt auch nicht für diejenigen, die schon Meran kennen oder das Passeiertal. Von Meran aus sind die beiden Laugenspitzen, die Wetterberge Merans, nicht zu übersehen. Aus dem Passeiertal präsentiert sich ein guter Teil des Proveiser Hauptkamms von den Laugenspitzen bis zum Samerberg und zur Ilmenspitze. Dennoch darf man dieses Gebiet für die meisten Besucher Südtirols fast ein alpines Neuland nennen, was nur für die nächste Nachbarschaft des Ultentals und die Laugenspitze nicht zutrifft. Von der Oberflächengestaltung her erinnert die Landschaft an den Hasenöhrl-Kamm, ist aber bei gleicher Höhe etwas felsiger und vor allem weit ausgedehnter. Das wunderbare Erlebnis der Kamm-Überschreitung kann auf dem Hauptkamm vom Rabbi-Joch bis zum Gampenpaß genossen werden, was einer Luftlinie von 24 km entspricht, von denen der mittlere Teil sogar gut markiert ist, so daß die interessantesten Gipfel, Ilmenspitze, Samerberg und Hochwart in einem Zug auf Wegen zu erreichen sind. Die übrigen Teile (Hofmahd-Hochwart, Rabbi-Joch-Klapfbergjoch-Seefeld) können aber von Bergwanderern eventuell mit Umgehung unangenehmer Stellen unschwierig bewältigt werden. Die Nähe des Ultentales läßt genügend Abstiege zu.

Für das übrige, südlich des Hauptkammes gelegene Gebiet gilt heute noch teilweise das, was der »Hochtourist« 1930 geschrieben hat: »Wer sich mit diesem schönen Gebiet vertraut machen will, dem ist die Mitnahme eines Zeltes oder Schlafsacks anzuraten«. Für viele andere, die ein Biwak lieber vermeiden, haben die seit damals geschaffenen Verkehrswege für eine Verkürzung der Touren gesorgt.

Von den Touren auf Einzelgipfel sind vor allem die auf die Laugenspitzen zu erwähnen, sie sind von mehreren Seiten möglich und überall äußerst lohnend, ebenfalls die auf den höchsten Gipfel, die Karspitze.

Die Gipfel in den gegen Süden abzweigenden Seitenkämmen sind alle ohne Schwierigkeiten zu erreichen, wenn auch fast keine Markierungen vorhanden sind. Gut markiert ist der einzigartige Aussichtsberg le Mandrie mit 2582 m Höhe zwischen Rabbi-Tal und Val Brésimo, der wegen des geringeren Höhenunterschieds lieber von Fontana im Val Brésimo bestiegen wird. In diesem Tal führt ein Alpsträßchen zur Malga Bordolona, von wo aus der Gipfel Castel Pagàn, 2602 m hoch, günstig zu begehen ist, dessen Name vielleicht auf frühere Siedlungen hindeutet.

Der höchste Berg zwischen Val Brésimo und Rumo im oberen Val Lavacé ist der Pin, der auch noch 2400 m übersteigt und bis zum felsigen Gipfel von einem großen Alpgebiet eingenommen wird. Wie bei den vorhergenannten Gipfeln auch, besteht die Krönung der Blicke in der nahen Brenta, deren nächste Erhebung nur 10 km entfernt ist.

Mendelkamm

Höchster Gipfel: Roén, 2116 m
Grenzen: Etschtal, Nonsberg (Noce, Novella), Gampenjoch, Prissianer Tal

Während bis zum Gampenpaß Phyllitgneis und Tonale-Schiefer vorgeherrscht haben, beginnen jetzt die Berge und Wände aus Schlerndolomit, der auf Bozener Quarzporphyr liegt. So treten hier dem Besucher plötzlich andere Formen entgegen als bisher vom Großteil der Ortler-Alpen gewohnt. Freilich ist dieser Eindruck durch die nur wenig steile Westabdachung etwas weniger ausgeprägt. Alle Gipfel vom Gantkofel nach Süden stürzen gegen das Etschtal in steilen, stellenweise senkrechten Wänden ab, was in zwei Fällen zum Namen Höllental geführt hat.

Der nördlichste Teil des Mendelkamms ist verhältnismäßig stark besucht, was auf gute Wege und die Nähe zahlreicher vor allem Sommerfrischen-Orte zu erklären ist. Der südlichste Teil dagegen ist sehr still geblieben, obwohl diese — teils recht wilden — Berge die gleichen Aussichtsschönheiten vermitteln und über ein unglaubliches Blumenparadies verfügen.

Wohl alle markierten Wege können von jedem trittfesten Bergwanderer begangen werden, was sogar für den sogenannten Klettersteig von der Überetscher Hütte zum Roén gilt. Auch eine Kammwanderung, die alle Gipfel (außer die südlichsten) überschreitet, ist möglich und lohnend. Freilich darf man dabei nicht übersehen, daß die 22 km Luftlinie vom Gantkofel bis zum Corno di Tres nur von Ausdauernden in einem Tag zu bewältigen sind; schließlich muß auch der Aufstieg zum Gantkofel eingerechnet werden. Ab dem Corno di Tres ist der Kamm nur sehr schwierig zu überschreiten, so daß man die letzten Gipfel auf der Ostseite auf markiertem, landschaftlich wegen wechselnder Tief- und Dolomitenblicke sehr eindrucksvollem Steig umgehen muß.

Die »großen Aussichtswarten« des Mendel-Gebirges sind Gantkofel, Penegal (beide mit einzigartigen Tiefblicken auf Bozen), Roén und schließlich weit im Süden die Große Wetterspitze oder Roccapiana mit 1874 m Höhe — für diese Gegend, in der das Etschtal 200 m tief liegt, ein hoher Berg. Dieser selten besuchte Gipfel verdient wegen Lage, Aussicht und Blumenreichtum eine Besteigung. Er ist ebenso von Mezzocorona (Kronmetz) wie von Vigo Anàunia (Vigo di Ton) im Nonsberg zu ersteigen.

Über dem Val de Lamare stehen die zerrissenen Wände der Fast-Dreitausender des Verdignana-Kammes, auf dessen anderer Seite das Rabbi-Tal sich breitet. Eines der nicht seltenen Gebiete, in denen es weder Wege noch Markierungen noch Menschen gibt.

Das Mendel-Gebirge hat sich auch bei Skifahrern einen Namen erworben. Vor allem der höchste Gipfel, der Roén, auf dem im Sommer Kühe weiden, ist ein lohnendes Tourenziel, von dem man in den Nonsberg abfahren kann. Außerdem locken die Hänge des Penegals, wo es sogar Skilifte gibt.

Hochgelegene Ausgangspunkte:

Mendel 1363 m	Ausgangsorte: Kaltern, Eppan, Fondo
Penegal-Parkplatz, 1720 m	Ausgangspunkt: Mendel
Malga Roén, 1767 m	Ausgangsort: Amblar
Oberfennberg, etwa 1100 m	Ausgangsort: Kurtatsch
Seilbahn Monte, 881 m	Ausgangspunkt Mezzocorona

Fallaschkamm

Höchster Gipfel: Rötlspitze, 3026 m
2 Dreitausender
Grenzen: Etsch, Trafoier Tal, Stilfser Joch, oberstes Braulio-Tal, Umbrail-Paß, Val Muraunza, Münstertal

Wenn man — völlig zu Recht — den Confinale-Kamm einen »Gornergrat« nennt, so muß man dem südlichen Fallaschkamm Gleiches zugestehen. Denn die großartigsten Bilder des Ortlerkammes eröffnen sich von ihm. Obwohl die Bergformen des Fallaschkammes selbst nicht so schroff sind wie die Kalkriesen des gegenüberstehenden Ortlerkammes, weisen sie doch wilde Wände auf, die teils intensive Färbung besitzen (Rötlspitze). Der ganze Kamm besitzt nur einen größeren Seitenkamm, mit dem er das Val Costainas umgibt. Die Schweizer Grenze läuft über den Kamm, stellt aber für den Bergsteiger kein Hindernis dar. Der Name Fallasch stammt von der rätoromanischen Bezeichnung Fallatsches (Häusergruppe bei Stilfs), nach der auch das Fallaschjoch benannt wurde.
Während der südliche Teil wegen leichter Erreichbarkeit (Stilfser Joch, Lift zur Furkelhütte, Militärstraße zum Kleinboden) relativ häufig besucht wird und das Gebiet der Furkelhütte sogar ein beliebtes Skigebiet geworden ist, mußte der Nordteil ganz einsam bleiben. Lange Anstiege und die Konkurrenz des an Aussicht überragenden Südteils machen das verständlich.
Die lohnendsten Ziele sind Rötlspitze und Furkelspitze oder noch schöner die Überschreitung des Kammes von einem zum anderen Gipfel. Eine ganze gute Tagestour ist die Überschreitung des gesamten Kammes vom Stilfser Joch nach Münster oder Taufers.

Folgende Stellen können ohne eigene Mühe erreicht werden:

Straße zum Stilfser Joch, 2756 m	Ausgangsort: Trafoi, Bormio
Sesselbahn Furkelhütte, 2190 m	Ausgangsort: Trafoi
Straße Kleinboden (Nähe Furkelhütte) 2092 m	Ausgangsort: Gomagoi

Einen der eigenartigsten Ortler-Eindrücke kann man vom Kleinboden im Fallaschkamm, hoch über Trafoi, erleben. Dort steht der Ortler direkt gegenüber und immer noch 2000 m höher.

Südwest-Gruppe

Höchster Gipfel: Monte Sobretta, 3296 m
17 Dreitausender
Grenzen: Valfurva, Val Gavia, Gavia-Paß, Val delle Messi, Val di Pezzo, Valca-
    monica, Val Córteno, Aprica-Paß, Veltlin

Die Südwest-Gruppe besteht aus mehreren Stöcken und Kämmen, deren Gipfel fast alle unschwierig zu ersteigen sind. Doch im Gegensatz zu anderen
Ortlerbergen gibt es hier kaum eine Markierung und nur wenige Wege, die
ausschließlich zu Alphütten führen oder irgendwo enden. Genau die richtige
Gegend für Liebhaber stiller und unberührter Gipfel, aber eben nur für solche mit Erfahrung und guter Ausrüstung und niemals allein! So soll zum
Beispiel der Monte Sobretta jahrelang keinen Besuch bekommen, was für
die meisten dieser Gipfel gilt.
Während der M. Gavia, 3223 m, vom Gavia-Paß schnell zu ersteigen ist, sind
die Anstiege auf die meisten Gipfel von Süden und Westen sehr lang, vor
allem wegen des großen Höhenunterschiedes; die Täler liegen dort zwischen
500 und 1200 m hoch. Nur an der Nordseite können Seilbahnen zu Skigebie-
ten Schweiß sparen.
Der M. Vallacetta, 3148 m, mit kleinem Gletscherrest ist wegen seiner Lage
über zwei Tälern besonders reizvoll. Er wird von der Seilbahn-Bergstation
auf dem Nebengipfel C. Bianca häufig bestiegen. Während Skifahrer die lange Abfahrt nicht versäumen wollen, ist Bergsteigern der Abstieg über den langen geschwungenen Grat über C. Monteni, 3007 m, zur Bocca di Profa und
weiter durch das Val di Sobretta ins Valfurva zu empfehlen.
Der M. Sobretta, höchster Gipfel dieser Gruppe, ist ebenfalls unschwierig,
wenn auch weglos zu ersteigen und bietet außerdem eine lange Skiabfahrt
ins Valfurva. Am günstigsten und schnellsten erreicht man seinen Gipfel von
der großen Kehre der Gavia-Straße im Val dell'Alpe. In diesem Tal und über
den Gletscher oder über den Ostgrat (den man auch von der Seilbahn Plaghera erreichen kann) kommt man — nicht immer bequem — zum Gipfel.
Auch von der Bocca di Profa läßt sich der Berg über die Punta di Sassalbo,
3069 m, und den 3254 m hohen Südgipfel erreichen.
Der M. Gavia, 3223 m, ist ein Doppelgipfel, dessen Nordwestgipfel man vom
Lago Bianco oder nördlich davon und schließlich über den kleinen Gletscher
in 2½ Stunden gut begehen kann. Der spitze Südost-Gipfel erfordert kurze
Kletterei.
Vom M. Gavia setzt sich der Kamm gegen Südwesten fort, um erst über
dem Aprica-Paß zu enden. Der erste gegen Süden streichende Seitenkamm
besitzt beachtlich hohe und auch formschöne Felsberge — der höchste ist die
Punta Pietra Rossa mit 3274 m —, die teils leicht, teils in mäßig schwieriger
Kletterei zu besteigen sind, aber nur selten besucht werden. Eine großartige
Tour für tüchtige Bergsteiger muß die Überschreitung dieses Kammes vom
Passo Pietra Rossa (Ausgangspunkt Lago Nero oder Sant'Apolonia) über alle
Gipfel mit etwa 7 Dreitausendern, bis nach Ponte di Legno sein.
Der Hauptkamm vom M. Gavia verliert gegen Westen langsam an Höhe und
erhebt sich in den Bergen der Serottini-Gruppe noch einmal bis nahe
3000 m. Dieses kleine verzweigte Bergmassiv und sein Fortsetzungskamm bis

zum Aprica-Paß ist landschaftlich deshalb so großartig, weil auf fast allen Seiten tiefe Täler liegen, hinter denen hohe Gebirge aufragen wie Adamello, Bergamasker Alpen, Berninagruppe, Piazzi, die von einer unbeschreiblichen Blumenfülle verschönt sind. Die Padrio-Höhenstraße, von Aprica oder Monno zu erreichen, hat diese Landschaft auch leicht erreichbar gemacht; sogar ein Gasthaus gibt es in der Nähe des Passo della Foppa. In diesem Gebirgsteil lassen sich Weite und Menschenferne in einem Maß erleben wie sonst kaum in den Ostalpen. Es ist ein sehr großes Gebiet, das der Erschließung für den Massentourismus fast keine Ansätze bietet und deshalb auch weiterhin zwar Wildnis, aber eben doch noch echte Natur enthalten wird.

Diese Stellen sind mit dem Auto oder mit der Seilbahn zu erreichen:
Seilbahn Cima Bianca, 3012 m, Ausgangsort Bormio
Seilbahn Plaghera, 2280 m, Ausgangsort S. Caterina
Straße Gavia-Paß, 2621 m, Ausgangsorte S. Caterina, Ponte di Legno
Straße Passo della Foppa etwa 1800 m (an der Padrio-Straße), Ausgangsorte Monno, Aprica

Tonale-Gruppe

Höchster Gipfel: Punta d'Albiolo, 2978 m
Grenzen: Val Montozzo, Val del Monte, Val Peio, Val Vermiglio, Tonale-Paß,
   Val Pezzo, Val Viso

Die Berge dieser kleinen Gruppe stehen in einem Kamm und wenigen kurzen Seitenkämmen und verdienen wegen ihrer ausgezeichneten Aussichtslage und wegen ihrer Einsamkeit besondere Beachtung. Lediglich die Gipfel in nächster Nähe des Tonale-Passes bekommen ab und zu Besuch, da dort Liftanlagen vorhanden sind. Von den sehr wenigen markierten Routen ist eine leichte Rundtour (Nr. 41) mit Gratbegehung und über vier Gipfel besonders lohnend und zu empfehlen. Freilich beschränkt sie sich ausschließlich auf den westlichen Teil, der zahlreiche Reste aus dem 1. Weltkrieg enthält.
Der höchste Gipfel, die Punta d'Albiolo, kann vom Passo dei Contrabandieri, erstiegen werden, über den eine Markierung vom Tonale-Paß ins Val Viso führt.
Der zentrale und östliche Teil besteht aus schroffen Felsbergen mit weniger steilen Abhängen und ausgedehnten Alpflächen. Viele Alpen sind heute verlassen. Quer durch dieses Gebiet führt ein markierter Wanderweg von Peio (Antica fonte) nach Vermiglio, eine Tagestour in großartiger Landschaft und mit weitreichenden Fernblicken. Zu den beiden Stützpunkten an diesem Weg Malga Comásine und Malga Mazom führt ein schlechtes Alpsträßchen, das in Comásine im Val Peio beginnt.

Hochgelegene Ausgangspunkte:
Straße Tonale-Paß, 1883 m, Ausgangsorte Vermiglio, Ponte di Legno
Gondellift Nähe Cima Cadi, 2398 m, Ausgangsort Tonale-Paß

Bild nächste Doppelseite: Die südwestlichen Ausläufer der Ortler-Alpen mit dem M. Padrio stehen der Berninagruppe direkt gegenüber und vermitteln eine großartige Schau über das Veltlin zu den Berninariesen.

Die Täler

Selbstverständlich gilt auch für den Bereich der Ortler-Alpen, in ihnen und um sie herum, die alte Erfahrung, daß erst das Kennenlernen der Täler, der Menschen und eine gewisse persönliche Beziehung zu ihnen ein umfassendes Bild eines Landes, einer Landschaft formen kann, ohne das die Kenntnis aller Gipfel und Wände einseitiges Stückwerk bleiben müßte. So soll in diesem Abschnitt eine Reise durch die Täler um die Ortler-Alpen und in die Täler im Inneren unternommen werden, welche die charakteristischen Gegebenheiten der Landschaft, aber auch Leben und Einfluß der Menschen in ihnen erkennen lassen.

Etsch

Wenn man es nicht auf der Landkarte genau nachmessen könnte, würde man es nicht so leicht glauben, daß die Etsch etwa 120 km lang die Ortler-Alpen begleitet und sie gleichzeitig begrenzt. Wenn man dann noch zusätzlich bedenkt, daß mehrere bedeutende und teils auch lange Seitentäler der Etsch weitere Grenzen bilden und ins Innere führen, dann erkennt man erst, wie stark die großen Begriffe Etsch und Ortler-Alpen miteinander verzahnt, verwoben, verbunden sind. Zu drei Vierteln umschließen die Wässer der Etsch die Ortler-Alpen und entwässern sie im gleichen Ausmaß. Die Etsch ist also der wichtigste Ortlerfluß, obwohl sie nicht in diesem Gebirge entspringt. Sie verbringt — nachdem sie sozusagen die Windeln abgelegt hat — ihre Jugend mit den Ortler-Alpen und verläßt sie, nach der Mündung des Noce als ausgewachsener, wasserreicher Fluß. Nur mehr 200 Höhenmeter trennen sie dort vom Adriatischen Meer, nachdem sie 700 Höhenmeter an dem bedeutenden Ortlergebirge entlanggeflossen ist. Es war der schönste Teil ihres Lebens, ihres Laufes, in dem sie die Firne und Gipfel der Ortlerkette, der Laaser Berge hat aufgleißen sehen. Sie hat in viele Täler geschaut, aus denen ihr Wässer zugeflossen sind, die vor langer Zeit einmal richtige Gletscher waren. Und schließlich waren ihre Vorfahren auch Eisströme des Etschgletschers, die ihr das heutige Flußbett erst bereitet haben. Tiefer unten haben Obstbaumhaine und Weingärten ihren Lauf gesäumt, während die Ortlerberge Schroffheit und Höhe verloren. Schließlich waren aus grünen Hängen noch einmal steile graue Wände geworden.
Ein abwechslungsreiches Stück des Weges der Etsch von Glurns bis hinter Mezzocorona (Kronmetz)! Eine gesegnete und eigenartige Landschaft, deren bewußtes Erleben jedem viel vermitteln kann! Doch auch dazu kommen noch die Zuflüsse der Etsch: Noce, Rabbiés, Barnés, Pescara, Novella, Falschauer, Plima, Suldenbach und Rambach, womit nur die bedeutendsten genannt sind. Die Etsch ist der Hauptfluß der Ortler-Alpen!

Die Fahnen an einem blumengeschmückten Gasthaus in Santa Maria im Münstertal zeigen deutlich, daß dieser Teil der Ortler-Alpen zu Graubünden gehört.

Aus dem von roten Wänden im Osten begrenzten Geröllkessel zu Füßen der Rötlspitze, dem höchsten Gipfel des Fallaschkammes, rinnen mehrere kleine Bäche abwärts und vereinigen sich in der Nähe des Umbrail-Passes (das alte Wormser Joch — Worms = Bormio) zum Muraunza-Bach im *Val Muraunza*. Er springt munter abwärts, nimmt den Costainas-Bach auf und befindet sich bald in einem Gelände, das im Herbst das goldene Leuchten der Lärchenbäume erleben läßt. Bei S. Maria, schon im *Münstertal*, mündet er in den Rambach. Hier in Graubünden herrscht die rätoromanische Bauweise vor und läßt reizvolle Bilder in reicher Fülle entstehen. Im nächsttieferen Ort Münster (Müstair) kommt das sehenswerte Kloster dazu, das von Karl dem Großen gegründet sein soll, und eine Reihe von Kostbarkeiten aus verschiedenen Stilepochen enthält.

Kurz hinter Münster folgt die Grenze, man ist in Südtirol, geographisch noch im Münstertal, aber auch schon im *Vinschgau*, diesem historischen und teils politischen Begriff für das obere Etschtal. Der erste Ort ist Taufers, der gleich mehrere Kunstschätze, vor allem in der Kirche St. Johann, enthält und an einer klimatisch sehr günstigen Stelle liegt, an der prähistorische Besiedlung nachgewiesen ist. Die Bauweise ist hier noch überwiegend rätoromanisch und läßt es verständlich erscheinen, daß auch diese alte Sprache noch vor etwa 200 bis 300 Jahren lebendig war.

Bald kommt das jetzt Rambach genannte Gewässer zur Talenge Calven, wo 1499 und 1799 fürchterliche Schlachten gegen Bündener und Franzosen, beide Male unglücklich für Tirol bzw. den Vinschgau, ausgetragen wurden.

Vor Glurns mündet der Rambach in die Etsch, die an den vollständig erhaltenen Mauern dieses alten, früher sehr bedeutungsvollen Städtchens vorbeifließt. Glurns ist auch heute noch ein einzigartiges Kleinod, dessen Kennenlernen sehr zu empfehlen ist. Hier kommen große Ortlerberge zum Vorschein, während bisher die Hänge des Fallaschkammes die weitere Sicht versperrt haben.

In der Talweitung des Vinschgaues fließt die Etsch teils durch Sumpfgelände und nimmt bald den Suldenbach auf, der die Schmelzwässer vieler Ortlergletscher mit sich führt.

Die beiden Täler *Suldental* und *Trafoier Tal*, die sich bei Gomagoi treffen, sind die bekanntesten Ortlertäler — wenigstens für alle, die von Norden kommen. Aus beiden führen klassische Anstiege auf den Ortler und seine Trabanten, von beiden bzw. von den Hängen darüber erlebt man die Blicke, die zu den eindrucksvollsten der Ortlerkette gehören.

Von Prad mit seiner sehenswerten Sankt-Johann-Kirche kommt man im engen Tal des Suldenbaches nach Gomagoi, wo Straßen nach Sulden und Stilfs bzw. zum Kleinboden abzweigen, während die Stilfser-Joch-Straße gerade nach Trafoi weiterführt. Woher alle diese Namen stammen und seit wann diese Täler bewohnt sind, darüber gibt es verschiedene Meinungen, aber keine sichere Aussage. Möglicherweise dürften Stilfs, Gomagoi und Trafoi in Zusammenhang mit dem sagenhaften Wormsionsteig gegründet worden sein. Sulden dagegen hatte von Anfang an mit dem Bergbau zu tun, was auch bei Stilfs für später zutreffen dürfte, so daß in beiden Fällen eine Ein- oder Zuwanderung von Bergleuten aus anderen — wohl deutschsprachigen — Gegenden angenommen werden kann. Alle diese Orte haben ihr Bekanntwerden in der Zeit des Bergsteigens gefunden und sind erst in den letzten Jahrzehnten — vor allem Sulden — zu Fremdenverkehrszentren geworden und deshalb jedem Ortler-Freund Begriffe.

Von der Mündung des Suldenbaches fließt die Etsch begradigt durch ebene Flächen des breiten Talbodens, als dessen südliche Begrenzung die Ortlerberge steil zur Tschenglser Hochwand und zum Schafberg ansteigen, beide über 3300 m hoch, viel steiler als die Berge der Ötztaler Alpen im Norden, was den viel mächtigeren Eindruck dieser Ortlerberge erklärt. Der schmale Einschnitt des Laaser Tals läßt ausgedehnte Flächen des Laaser Ferners herunterschauen und auf seiner Ostseite Hänge und Berge erkennen, die den herrlichen Marmor liefern, der neben dem Laaser Bahnhof in riesigen Blöcken zum Transport vorbereitet liegt. Das Laaser Tal ist unbewohnt und gehört zu den einsamsten des Gebirges. Während die meisten Siedlungen des Tales die sonnseitige Nordseite vorziehen, fließt die Etsch auf der meist bewaldeten Südseite. Das Tal ist ausgefüllt von Obstgärten, aus denen immer wieder Orte, vor allem Schlanders, der stadtähnliche Hauptort des Vinschgaues schauen.

Über die Bewohner des Vinschgaues ist schon viel geschrieben worden, und zwar hat man aus verschiedener Sicht ihre Eigenschaften eingestuft und beurteilt, wobei natürlich auch abwertende Urteile aufgetaucht sind. Ganz allgemein darf man sagen, daß die »Vinschger« nicht über einen Kamm geschert werden können. Es gibt hier, wie überall, Abstufungen, die ihre Begründung in der Herkunft finden. So müssen die Ober- und Mittelvinschgauer entsprechend ihrer überwiegend rätoromanischen Vorfahren auch andere Eigenheiten besitzen als die Untervinschgauer. Das konnte auch der Volksmeinung nicht entgehen, die früher einmal zwischen »Edel- und Staudenvinschgern« unterschied, wobei man heute nicht mehr recht weiß, wer die »edlen« waren. Tatsache für den Vinschgau ist eine ausgeprägte Intelligenz, eine an Schlauheit grenzende Klugheit, die im unteren Teil mehr zu Stolz und Schwerfälligkeit neigt. Man mag das anders treffender ausdrücken, ich sehe darin den ganz selbstverständlichen Ausdruck des nicht so beweglichen bajuwarischen Elements, aber sicher auch der landschaftlichen Gegebenheiten.

Die Landschaft des Vinschgaues ist durch das niederschlagsarme Klima zwischen hohen Gebirgen geprägt. Das hat eine frühe Besiedlung möglich gemacht. Die ersten verbürgten Bewohner waren die Venosten, von denen auch der Name Vinschgau abgeleitet wird. Ihre Nachkommen sind die Rätoromanen, die durch germanischen Zuzug beeinflußt worden sind (Bajuwaren, Schwaben, Walser?). Die Trockenheit hat einerseits — zusammen mit Kahlschlägen und Abweiden — zu den erosionsgefurchten heißen Nordhängen geführt und andererseits große Bewässerungssysteme, die Waale, nötig gemacht, deren Ähnlichkeit mit den Walliser Bewässerungsanlagen auffallend ist. Ob man deshalb auf walserische Zuzügler schließen darf, scheint sehr unsicher, da die »freien Walser« bis in jüngere Vergangenheit die Vermischung mit Rätoromanen vermieden haben.

Während die Vinschgauer früher durch den Reschenweg einen Teil ihrer Lebensnotwendigkeiten sowie durch Viehhaltung und Ackerbau sichern konnten, haben sich heute Obst- und Weinbau sowie Fremdenverkehr in den Vordergrund geschoben.

Eines der schönsten und bedeutendsten Kunstwerke dieses Gebietes ist der Lederer-Altar in der Spitalkirche von Latsch; eine eindrucksvolle Leistung der Spätgotik.

Bei Goldrain mündet der nächste große Talbach, der Plimabach aus dem *Martelltal*, dessen Überschwemmungen dem Tal eine traurige Berühmtheit vermittelt und wiederholt auch den Vinschgau in Mitleidenschaft gezogen haben.

Ist schon der Taleingang des Martelltales hochinteressant, so kann das Tal selbst noch sehr viel an landschaftlichen Reizen zeigen, wie Anstöße geben, in Zeiten zurückzudenken, von denen wir so wenig wissen. Auf der Stirnmoräne eines Marteller Gletschers stehen die Ruinen von Montani, bekannt als Fundstellen einer Handschrift des Nibelungenliedes und die Burgkapelle St. Stephan mit ihren Fresken, die zu den schönsten und aufschlußreichsten des Tales gehören. Ganz in der Nähe liegt die Burgfalknerei, ebenfalls ein mittelalterliches Relikt, wenn auch in anderem Sinn. Hier kann jeder noch natürlich empfindende Mensch mit eigenen Augen die Leiden der angeketteten Raubvögel sehen, die vergeblich versuchen sich loszureißen.

Das teilweise enge, von steilen Hängen gesäumte Tal dürfte schon sehr lang besiedelt gewesen sein, was verständlich erscheint, da die klimatischen Gegebenheiten des Martelltales weit günstiger sind, als es dem ersten Eindruck einer urtümlichen und wilden Berglandschaft entspricht. Mit Sicherheit haben die Erzvorkommen der Marteller Quarzphyllitzone schon früh einen Bergbau entstehen lassen, der wieder die Wege über die Jöcher belebt haben dürfte. Die noch nicht gedeuteten »Klösterle-Ruinen« in fast 2500 m Höhe deuten ebenso darauf hin wie die Erklärung des Namens »Hasenöhrl« von rätoromanisch »Eselpfad« (asineára). Und auch die Annahme, daß der prähistorische Bergsturz von Burgaun eine größere Siedlung zerstört haben könnte, weist in diese Richtung. In jüngerer Zeit entstand — wahrscheinlich schon 1203 — die erste Kirche, und an die Bergwerke erinnert der Name Schmelz. Die Pest wütete so stark in diesem Tal, daß es fast ganz entvölkert wurde, bis auf diejenigen, die sich in rauchigen Stuben aufhielten — ein Aspekt für Infektionsforscher. Die Zeit der vordringenden Gletscher brachte weiteres Unglück durch Verlust von Handelswegen über die Jöcher, Verlust höhergelegener Wohngebiete und vor allem Überschwemmungen, durch Ausbrüche von Gletscherseen. Die große Mauer hinter der Zufallhütte sollte ausgleichend wirken, war aber in einer Zeit gebaut worden, als es wegen des Gletscherrückgangs nicht mehr nötig war. In diesem Fall ist also die Genugtuung, die Naturkatastrophen besiegt zu haben, nicht recht am Platz. — Die Bewohner des Martelltals leben vorwiegend von Viehhaltung und Holzwirtschaft, neuerdings auch vom Fremdenverkehr.

Der Untervinschgau ist ein weites, leicht geneigtes Tal, in dem viele Burgen und Schlösser an schon früher große Bedeutung erinnern. In der Prokuluskirche von Naturns befinden sich die ältesten Fresken des deutschen Sprachgebietes, in der Spitalkirche von Latsch einer der schönsten spätgotischen Schnitzaltäre. Im Tal selbst überwiegen rätoromanische Namen, an den Hängen sind es mehr bajuwarische, was auf die friedliche Art der Durchdringung hinweist. Wo der Vinschgau bei der Töll endet, sind die Berge, bevor sie ihr Ende im Meraner Talkessel finden, um den Larchbühel im Hasenöhrlkamm schon rund und bewaldet.

Steil stürzt die Etsch jetzt 200 Höhenmeter abwärts und läuft bald im jetzt *Etschtal* genannten Tal an Meran vorbei nach Süden.

Bald öffnet sich im Westen eine schluchtartige Talmündung, aus der die Falschauer strömt, die die Wässer des *Ultentals* und ihrer von hier nicht sichtbaren Gletscher gesammelt hat. Etwa 30 km dringt das Ultental in die Ortler-Alpen; es ist deren längstes Tal. Es wäre auch ihr volkreichstes, wenn nicht der Nonsberg — Tal zweier großer Bäche oder besser eine von Bächen durchrissene Hochfläche und eher eine historisch-politische Einheit — über zahlreiche größere Orte verfügen würde.

Der Beginn der Besiedlung dieses, früher wegen der wilden Talenge der Gaulschlucht fast unzugänglichen, Tales liegt ziemlich im Dunkel. Es ist zu vermuten, daß es erstmals von Süden, vom Rabbi-Joch her, von Menschen betreten worden ist, und daß erst um die Jahrtausendwende die Bajuwaren gekommen sind. Heute sind nahezu alle Namen des Tales germanisch, und Eigenart sowie Aussehen der Menschen bestätigen das; ebenso tun dies die Häuser, die reichen Blumenschmuck besitzen. Haupterwerb sind nach wie vor Viehhaltung und Forstwirtschaft, und erst relativ spät kam der Fremdenverkehr dazu. Die Landschaft erscheint im unteren Teil fast voralpin, was nicht der beachtlichen Höhe der Berge entspricht und nur durch ihre teils gerundeten Formen zu erklären ist. In den oberen Teil leuchten die Gletscher um die Eggenspitzen.

In früheren Zeiten war das Ultental wegen seines schlechten Zugangs weitgehend auf sich allein gestellt und ziemlich abgeschlossen, was noch bis vor kurzem der Fall war. So erscheint es verwunderlich, wenn von der Zeit um 1600 berichtet wird, daß »18.000 bis 20.000 Schafe von Vicenza und Verona auf die köstlichen Almen über dem Ultental getrieben worden sind«. So erzählt es Marx Sittich von Wolkenstein um 1600. Heute holt das Tal ziemlich schnell viel von dem nach, was ihm früher fern war. Straßen, Stauseen, Skigebiete gibt es heute, wovon natürlich auch die Bewohner profitieren. Für den Bergfreund ist das Tal und seine Berge ein riesiges Wandergebiet und bietet Ziele bis über 3400 m.

Im jetzt noch breiten, aber schon völlig flachen Tal, fließt die Etsch gegen Südosten, fruchtbare Obst- und Weingärten breiten sich in diesem ehemaligen Sumpfgebiet, weshalb die Orte nie in der Mitte, sondern immer am Rand des Tales liegen. Von den roten Porphyrhängen blicken zahlreiche Burgen und Schlösser, und im Osten tauchen die Dolomitenzinnen auf. Beim Gantkofel, der als mächtiges Horn wie ein Wächter über dem Talkessel von Bozen ragt, ändert sich die Farbe des Gesteins; der helle Kalk ist wieder da, aus dem die steilen Wände des Mendelzuges gebaut sind, während darunter im Weinland Überetsch noch der rote Porphyr leuchtet. Das läßt sich dort, wo die Etsch nach Süden schwenkt, an den Felsen erkennen, auf denen Schloß Sigmundskron thront.

Auf der Hochfläche des *Überetsch* liegen berühmte und beliebte Orte wie Eppan, Kaltern, Tramin usw., und auf dem Mitterberg die Waldseen von Montiggl. Dort oben — von den tieferen Lagen des Etschtales aus gesehen — dürften früher die alten Handelsstraßen verlaufen sein, dort wird es die ersten Siedlungen gegeben haben. Das Plateau wird schmäler und fällt ins

Bild nächste Doppelseite: Ein großer Teil des Vinschgaues ist ein einziger riesiger Obstgarten, im Frühjahr ein Blütenmeer und im Herbst von den schönsten Farben gezeichnet.

Etschtal ab, so daß der Kalterer See schon 200 m tiefer liegt als Kaltern. Auch hier im Bozener Unterland war die Etsch früher stark versumpft. Heute sind aus den ehemaligen Sümpfen blühende Gärten geworden, über die sich der lange Wandzug des Mendelkammes erhebt — im Roén mit fast 2000 Höhenmetern. Erst mit der Salurner Klause, der Sprachgrenze, verengt sich das Etschtal zu einer von steilen Wänden begrenzten Pforte. Hier verläßt die Etsch Südtirol und kommt in ein jetzt wieder weites Tal, wo der Noce von Westen aus einer Schlucht tritt und zwei größere Orte liegen: Mezzolombardo (Welschmetz) und Mezzocorona (Deutsch- oder Kronmetz). Dort, bei der Noce-Mündung, ist der südlichste Punkt der Ortler-Alpen, 200 m hoch, mit maritimem Klima und entsprechendem Pflanzenwuchs, umgeben von lauter Kalkbergen. Welch unglaublicher Unterschied zu den durchschnittlich 3000 m höheren Gipfeln der zentralen Ortler-Alpen mit ihren über 100 qkm Gletscherflächen!

Der Noce ist der größte Nebenfluß der Etsch auf der Ortlerseite. Er legt vom Passo Sforzellina in der Forno-Gruppe, unter dem er entspringt, etwa 75 km, davon 55 km am Rand der Ortler-Alpen, bis zur Mündung in der Nähe von Trient zurück. Dabei durchfließt er zwei historische Landschaften, den Sulzberg (Val di Sole) und den Nonsberg (Val di Non).

Kurz nordwestlich des Pian Rotalian, der Ebene des Etschtales nördlich von Trient, hinter der engen Schlucht, die vom Felsen »Torre del Visione« überragt wird, fließt der Noce schon im *Nonsberg, auch Nonstal* genannt. Daß die Bezeichnung Noce und Nonsberg bzw. Val di Non zusammenhängen nimmt man an, denn Non leitet sich vom Volk her, mit dem der Nonsberg in die Geschichte getreten ist, den Anáunen. Der Nonsberg ist — genau genommen — weder Berg noch Tal, sondern eine hügelige Fläche zwischen Proveiser Bergen, Mendelgebirge und Brenta, in die mehrere Flüsse bzw. Bäche tiefe Rinnen, beinahe Cañons gefräst haben. Die bedeutendsten Orte im Bereich der Ortler-Alpen sind Fondo, Sarnónico, Córedo, Brez und Revó, zu denen noch zahlreiche andere Orte treten.

Von allen führen längere, aber wenig steile Anstiege auf die umliegenden Berge, die von hier teilweise gar nicht als richtige Gipfel erscheinen.

Die Bewohner dieser Landschaft treiben in großem Ausmaß Obstbau, und so ist der Nonsberg im Frühsommer eine einzige Blütenflut; auch die Käseherstellung ist verbreitet, und daneben gibt es Kleinindustrie. Die Nonsberger sind bekannt wegen ihrer Verschmitztheit und verschiedener anderer Eigenschaften, die an die Vinschgauer erinnern, was angesichts der ursprünglichen Verwandtschaft eigentlich zu erwarten ist. Dazu tritt noch etwas, was im Vinschgau nicht vorgekommen ist: der offene Aufruhr gegen die bischöfliche Herrschaft Trient in den Bauernkriegen des Jahres 1525. Wahrscheinlich war dieser Aufstand, bei dem Trient eingenommen wurde, durch Härten der bischöflichen Herrschaft ebenso ausgelöst worden wie durch die Führerpersönlichkeit des Sozialreformers Michael Gaismair. Die Aufrührer mußten mit ihrem Leben dafür bezahlen, hatten vorher aber soviel Schrecken verbreitet, daß man in Trient lange Zeit betete: „Da Nonesi e Solandri libera nos Domine« (Vor Nonsbergern und Sulzbergern bewahre uns o Herr).

Von der Bedeutung und dem Reichtum des Nonsbergs erzählt eine große Anzahl von Burgen und Schlössern, von denen viele heute noch bewohnt sind.

Es ist ein richtiges Burgengebiet ähnlich wie Südtirol, das allein schon deshalb einen Besuch lohnend macht, weil zur reizvollen äußeren Erscheinung die Kunstschätze der Einrichtung und Sammlungen treten. Zu den schönsten gehören die Schlösser Thun, Castelfondo, Bragher, Valer, Malosco. Eine reizende Sehenswürdigkeit ist die Einsiedelei San Romedio auf einem Felsen hoch über dem Tal.

Die Hauptbäche des Nonsberges sind Novella und Rivo S. Romedio, die beide in den ausgedehnten Stausee des Noce münden, den Lago S. Giustina. Die Ursprünge des Novella-Baches heißen Laugen- und Urbaner-Bach, an denen zwei deutschsprachige Dörfer liegen: Unsere liebe Frau im Walde und St. Felix. Das sind zwei der vier Orte der sogenannten *Deutschgegend*, die nach langer Trennung von Südtirol jetzt wieder zur Provinz Bozen gehört. Die beiden anderen deutschen Orte — Laurein und Proveis — liegen jenseits eines Höhenrückens im Tal des Pescara-Baches bzw. darüber.

Neben den beiden schon genannten Noce- bzw. Lago-S.-Giustina-Zuflüssen gibt es zwei weitere, den bereits genannten Pescara-Bach und den aus dem Val Brésimo kommenden Barnés. Der Pescara-Bach verzweigt sich: Mit gleichem Namen kommt er von Norden, wo Proveis und Laurein liegen, der Lavacé-Bach kommt von Nordwesten, wo die Gemeinde Rumo, früher Rum, eine von zwei Tälern gebildete Weitung mit mehreren Orten füllt.

Während Laurein sich locker an einen Hang schmiegt, ist Proveis über ein Hochtal verteilt, in das von Westen und Norden kleinere Täler münden, die alle vom Kamm der Proveiser Berge herabziehen. Das und die Höhe von über 1400 m machen Proveis zu einem günstigem Ausgangspunkt in diesen Bergen. Sehenswert ist hier — ebenso in Laurein — die Tiroler Bauweise, die sich hier in alter Form bewahrt hat. Auch von der Nachbargemeinde *Rumo*, die aus neun Orten besteht, sind die Zugänge zu den Proveiser Bergen günstig. Diese Menschen führten früher ein ziemlich abgeschiedenes Leben und fühlten sich nicht als Nonsberger, sondern nannten sich »die von Rum«. Ihre Eigenständigkeit wurde sicher auch durch die ehemals reichen Silber- und Bleibergwerke gefördert. Ähnlich wie im Nonsberg gibt es hier Kunstwerke und Wandmalereien zu bewundern.

Zu den sehenswertesten Randgebieten der Ortler-Alpen gehören *Val Brésimo* und *Maslón* (italienisch Mezzalone), das Tal des Barnés und das Mittelgebirge um seine Mündung in den Lago S. Giustina. Es ist die Gegend mit den stärksten Erinnerungen an prähistorische und jüngere Zeiten, was wieder die ganz große Bedeutung höherer Lagen im Vergleich zu den tiefen Böden der großen Täler in vergangenen Jahrtausenden, teils Jahrhunderten hinweist. Zahlreiche Reste keltischer oder rätischer Wallburgen sind bekannt, weiter Hinweise auf Gefechte zwischen Römern und Rätern und eine »Heidenstraße« oder eine »Römerstraße«. Wohin diese Straßen geführt haben? Ins Ultental und über den Eselssteig in der Nähe des Hasenöhrls in den Vinschgau, was eine bemerkenswert logische und direkte Linie von Trient zum Reschenpaß wäre! Oder ins Rabbi-Tal, weiter ins Peio-Tal und über den Sforzellina-Paß ins Veltlin oder über den Montozzo-Paß ins Valcamonica? Viele Häuser und Kirchen erzählen von einer überwiegend ruhigen Vergangenheit, die teils der alpin-ländlichen Struktur, teils der Abgelegenheit zu verdanken ist. Die Sprache ist noch stärker rätoromanisch geprägt als die des Nonsbergs.

Im Südtiroler Teil der Ortler-Alpen ist das Festhalten am Hergebrachten besonders stark ausgeprägt. Das zeigt sich in der Öffentlichkeit besonders in den Trachten — hier aus dem Ultental. Die ganz allgemeine Freude an der Musik wird durch die große Zahl der Musikkapellen dokumentiert.

Westlich des Maslón beginnt das breite und gerade Tal des Noce, das *Sulzberg, Val di Sole,* genannt wird. Um die Herkunft dieses Namens ist viel gerätselt worden; vielleicht ist der hier einmal übliche Sonnenkult tatsächlich eine gute Erklärung, die allerdings die deutsche Version als Verballhornung erscheinen läßt. Der Name Sulzberg gilt bis Fucine, also für 25 km Länge, die durchwegs stark besiedelt sind und in der ersten Hälfte durch Obstkulturen, in der zweiten durch Viehhaltung und Alpwirtschaft (über 60 Hochalmen zwischen 1100 und 2400 m Höhe) und wenig Landwirtschaft genutzt werden. Menschen (Solandri genannt) und Bauweise unterscheiden sich nicht wesentlich von denen des Nonsbergs, lediglich die Sprache läßt deutlich lombardische Einflüsse erkennen. Eine große Zahl schöner Kirchen und bemalter Häuser ist überall im Sulzberg anzutreffen, ebenso einige Burgen.

Der Sulzberg entsendet zwei bedeutende Seitentäler nach Nordwesten in die Ortlerberge, die sich durch die Eigenart ihrer Eingänge wesentlich unterscheiden. In nächster Nähe von Malé, dem Hauptort des Tales, mündet das *Rabbi-Tal* als enger Einschnitt zwischen bewaldeten Hängen, so daß es von Eiligen leicht übersehen werden kann. Es dürfte das ursprünglichste und idyllischste Tal des ganzen Gebirges sein. Am Anfang ist es nur idyllisch, höher kommt noch eine hochalpine Kulisse dazu. Dieses Tal ist sicher auch eines der urtümlichsten der Ortler-Alpen, wo Traditionen, Bauweise und Sprache teils eigene Wege gegangen sind. Sogar die Auswanderer, die häufig wieder zurückkehren, haben sich teilweise auf die Arbeit bei der Eisenbahn in ganz Mitteleuropa spezialisiert. Eine besondere Eigenart ist in der hiesigen rätoromanischen Sprache zu finden, in der viele weibliche a-Endungen zu o geworden sind. Mit dem Ultental sind die Einwohner des Rabbi-Tals auf verschiedene Art verbunden. Ob die im Mittelalter stattgefundene Einwanderung damit zusammenhängt, ist nicht bekannt — Namen, die auf -er enden, kommen überall im Nonsberg und Sulzberg vor, nicht nur im Rabbi-Tal.

Das Wasser des radioaktiven Bades Rabbi-Terme wird seit 300 Jahren gegen zahlreiche Leiden mit Erfolg angewandt und zieht alljährlich viele Besucher an.

Das Tal liegt teils schon im Stilfser-Joch-Nationalpark und zeichnet sich durch seinen Wild- und Blumenreichtum aus.

Das zweite Sulzberg-Nebental ist das *Val Peio* mit den beiden Anfangstälern *Val del Monte,* aus dem der Noce kommt und *Val de Lamare* (nicht della Mare — hat mit Meer nichts zu tun!). Die Mündung des Val Peio ist eben und breit und gibt den Blick auf die Eisriesen der Forno-Berge frei — ein großartiges Bild, das jeden Bergfreund locken muß. Die Landschaft liegt zwischen 1000 und 3700 m hoch, so daß fast ausschließlich Viehwirtschaft getrieben wird. Daneben hat zeitweise der Bergbau große Bedeutung besessen und das Leben weitgehend bestimmt sowie Sagen und Bräuche entstehen lassen. Indirekt hat der Bergbau durch die Einwanderung Fremder im Mittelalter auch Einfluß genommen. Sprache und Eigenarten der Menschen ähneln stark dem Sulzberg, weniger dem Rabbi-Tal, dessen starke Individualität wegen seiner offenen Lage und dem Bergbau nicht existiert.

Hier im Rabbi-Tal bilden abgerundete, bewaldete Berge eine Zone zwischen dem Tal und den höheren Gletscherbergen, so daß idyllische Mittelgebirgseindrücke vorherrschen.

Große Bedeutung für das Tal besitzen seit langem die weltbekannten Mineralwasserquellen von Peio und neuerdings der Fremdenverkehr. Für Bergsteiger bietet das Tal eine Menge lohnender Touren.

Zwischen Fucine und Cusiano mündet der Vermiglio in den Noce. Das Tal des Vermiglio trägt den Namen *Val Vermiglio* und führt direkt zum Tonale-Paß, wird aber im allgemeinen noch zum Sulzberg gerechnet. Die wenigen Orte liegen in der Mitte des Tales und lassen in der Bauweise und Mentalität der Menschen gegenüber den niedrigeren Lagen des Sulzbergs kaum einen Unterschied erkennen, wogegen die Sprache noch mehr lombardische Anklänge zeigt.

Auf dem Tonale-Paß, dieser bedeutenden Wasserscheide, endet das Einzugsgebiet der Etsch. Trotzdem fließen die Wässer die von Oglio und Vermiglio gesammelt werden, beide mit dem Po ebenfalls zur Adria.

Oglio

Zwischen Tonale- und Aprica-Paß bilden der Oglio bzw. seine Zuflüsse Grenzen und Entwässerung der Ortler-Alpen, freilich nur für einen kleinen Anteil dieses Gebietes. Die vom Oglio bestimmte Grenze ist nur knapp 40 km lang; das ist im Vergleich zu den von der Etsch bestimmten Grenzen von etwa 220 km nicht viel. Es sind auch keine großen Täler dabei, welche die Schmelzwässer bedeutender Gletscher aufnehmen. Im Gesamten gesehen ist es — wenigstens am Rand — eine Landschaft etwas anderer, zum Teil südlicherer Art. Im Inneren, an der Grenze des Einzugsgebietes der anderen Flüsse, breitet sich dagegen echtes Hochgebirge aus.

Vom Tonale-Paß führt ein kleines Tal nach Ponte di Legno ins Tal des Oglio. Der Ogliolo, der «Quellbach des Oglio», kommt aus dem kurzen *Val di Pezzo*, das sich höher oben in Val dei Messi und Valle di Viso teilt, die beide die südlichsten Ausläufer der Forno-Gruppe umfassen. Das Tal des Oglio heißt Valcamonica, nach den Camuni, einem bis vor etwa 2000 Jahren bestehenden — wahrscheinlich rätischen — Volk so benannt. Von ihren Vorfahren stammen die weltbekannten Steinzeichnungen von Capodiponte im unteren Valcamonica.

Es zeigt landschaftlich ähnliche Bilder wie der benachbarte Sulzberg, aber die Bauweise ist schon wesentlich anders. Holz als Bau- oder Dachmaterial gehört zu den großen Seltenheiten, die Sprache ist lombardisch mit örtlichen Betonungen oder Abweichungen. Man ist in der Lombardei. Aber die Menschen unterscheiden sich noch erheblich von denen der unteren Täler oder gar der Ebene. Es sind typische Gebirgsbewohner, die am Hergebrachten festhalten. Wein wird hier kaum gebaut, Käseherstellung und Schafzucht haben zu besonderen Spezialitäten geführt, so gibt es z. B. den Cuss, ein Hammelfleischgericht.

Eine stark ausgeprägte Viehwirtschaft mit hoch hinaufgreifenden Alpen, die hier baita, baito, baitella, casa, casera heißen, bilden die Hauptbeschäftigung der Einheimischen, zu der Handwerk, Kleinindustrie und Fremdenverkehr kommen. Mehrere Täler führen in die Südwest-Gruppe der Ortler-Alpen: Val Cane, Val Grande, Val Mortirolo.

Bei der Stadt Edolo verläßt die Grenze der Ortler-Alpen das Valcamonica und folgt dem Tal des Fiumicello, dem Val di Córteno bis zum Aprica-Paß, auf dessen weiter Fläche der große Wintersportort Aprica liegt.

Adda

Der dritte der Flüsse, welche die Grenzen der Ortler-Alpen bilden, ist die Adda. 55 km lang läuft sie bzw. ihr Nebenfluß Braulio die westliche Grenze entlang. Obwohl von der Adda nur ein einziges großes Tal in das Innere zieht, entwässert sie doch etwa ein Viertel des Gebirges. Von der Wassermenge her könnte es sogar noch mehr sein, da die größte Gletschermassierung des ganzen Gebirges, der Forno-Kessel, seine Schmelzwässer zur Adda schickt.

Das Tal der Adda, das *Veltlin*, läßt bei einer Reise den Grenzen der Ortler-Alpen entlang unübersehbar miterleben, wie sehr und wie rasch die vielfältigen Eigenarten der tieferen Lagen die Täler aufwärtsdringen. Das gilt für Industrie und Lebensart, für Bauweise und Sprache. Die Angleichung dieses Tals an die Ebene entspricht dem Tempo der Neuzeit.

Bei Tresenda, unter dem Aprica-Paß, nur 375 m hoch, ist das Tal breit und von nicht zu steilen Hängen gesäumt, an denen Edelkastanienhaine und Weinberge die Wärme genießen. Von den Berggipfeln hoch darüber erblickt man nur wenig. Tirano, der Hauptort des oberen Veltlins an der Abzweigung zum Bernina-Paß, liegt auch noch nur 450 m hoch. Die Häuser sind aus Stein, und nur selten erlebt man in der Bauweise Zeichen, die an die rätoromanische Vergangenheit erinnern. Die wechselvolle Geschichte des Veltlins zeigt eine ungewöhnliche Vielfalt. Truppen vieler europäischer Mächte zogen hier durch, und die Länder und Reiche, zu denen es gehört hat, sind allein in den letzten Jahrhunderten zahlreich: Herzogtum Mailand, Republik Venedig, Graubünden, Zisalpinische Republik, Königreich Lombardei-Venezien, Österreich-Ungarn, Königreich Italien. Das war eine Auswirkung der großen Bedeutung des Tales an der Südseite wichtiger Alpenpässe, aber auch seiner Wohlhabenheit.

Das Tal wird, nachdem es sich nach Norden gewandt hat, enger, weiße Berge ragen schon hoch darüber, die Weinberge nehmen ab, aber häufig stehen Fabriken und Lagerhallen um die Orte, und neue Häuser und Hotels bestätigen die Aktivität des Veltliners. Diese wird auch in dem von pulsierendem Leben erfüllten Bormio deutlich, in dem — wie fast überall in der Umgebung — der Fremdenverkehr die erste Geige spielt. Seilbahnen, Skilifte, Hotels und vieles andere werben um die Gäste. Manche nennen Bormio einen »Vorort« Mailands.

Schon vor Bormio, dem schon bei den Römern beliebten Warmbad, weitet sich das Tal, graue Wände und weiße Spitzen werden frei, die man über das

Valfurva leuchten sieht. Dieses bedeutende Tal führt gegen Südosten, wobei ein anderes kleines, aber wichtiges Tal gegen Norden abzweigt, das Val Zebrù. Erst im Valfurva kehren die Bilder in großem Ausmaß wieder, die man erwartet und erhofft hat — die braunen, hölzernen Heustädel in ruhiger Landschaft unter hohen Bergen.

Am Ende des *Valfurva* (Tal des Frodolfo) liegt S. Caterina, von wo seine zwei Ursprungstäler zu den Forno-Bergen führen: Das Val Forno kommt direkt aus dem Gletscherzirkus des Forno-Kessels, das Val Gavia führt zum Gavia-Paß, über dem ein Gipfel mit historischem Namen aufragt, der Corno dei Tre Signori, die Dreiherrenspitze. Gemeint waren »die Herren« von Tirol, Graubünden und Venedig.

Die Adda kommt aus einer Felsschlucht und bildet bald darauf nicht mehr die Grenze der Ortler-Alpen. Ihre Funktion nimmt jetzt der *Braulio* ein, der steil, mit einigen stäubenden Fällen, das gleichnamige Tal herabkommt, über dem sich die einsamen westlichsten Ortlerberge erheben. Das hochalpine Brauliotal erreicht die Gegend des Stilfser Jochs und damit des Umbrail-Passes, womit der Kreis um die Ortler-Alpen geschlossen ist.

An manchem älteren Gebäude sind auch jetzt noch Wandmalereien zu erkennen, welche auf die ganz allgemein verbreitete Freude an der Ausschmückung aller Dinge hinweisen; die abgebildete Malerei stammt aus Malé im Sulzberg.

Geschichte und Menschen der Ortler-Alpen

Mehr Gemeinsames als Trennendes

So verschieden dem Betrachter — vor allem aus dem deutschsprachigen Norden und vielleicht ähnlich aus dem italienischsprachigen Süden — die Menschen in und rund um die Ortler-Alpen auch erscheinen mögen, so verwischen sich doch die Unterschiede, je länger man sich mit ihnen befaßt und eventuell auch noch ein wenig in die Vergangenheit blickt. So entsteht ein unerwarteter und fast nicht glaubhafter Eindruck einer gewissen Homogenität, die aus der Beobachtung so vieler Parallelen erwächst. Staunend nimmt man Übereinstimmungen wahr, die man vorher nicht für möglich gehalten hätte und erkennt, daß manche Trennung nur scheinbar besteht und weniger auf einschneidende Tatsachen zurückgeht als auf irgendwelche Wertungen und gelegentlich sogar Vorurteile der jüngeren Vergangenheit, woraus wieder der Einfluß — vor allem der jüngsten — Geschichte zu ersehen ist. Die großen Gemeinsamkeiten sind freilich in ferner Vergangenheit gegründet und werden nur für den deutlich, der aufmerksam um sich schaut. Der ganz wesentliche Teil der Übereinstimmungen ist die gemeinsame Herkunft der überwiegenden Mehrheit aus der großen Familie der Rätoromanen, die einst zwischen Rhône und Drau und zwischen Donau und Po gelebt hat, möglicherweise in noch weiteren Räumen. Ich verwende die nicht ganz treffende Bezeichnung Familie nur deshalb, weil alle ähnlichen, heute gebräuchlichen Wörter wie Volk, Nation usw. der Realität der Zeit vor zwei- bis dreitausend Jahren noch weniger entsprächen. Diese Gemeinsamkeit ist durch zwei große Entwicklungen so überdeckt worden, daß sie vielen völlig verborgen bleibt.

Die deutsche Sprache

Der, zeitlich gesehen, erste große Einfluß ist die germanische Teilbesiedlung des Vinschgaues und seiner Seitentäler sowie des weiteren Etschtales bis Lavis in der nächsten Nähe von Trient. Daraus und aus den Herrschaftsverhältnissen mit ihren vielfältigen Notwendigkeiten folgte die allmähliche Annahme der deutschen Sprache, ein Prozeß, der im Obervinschgau noch vor etwa 200 Jahren nicht ganz beendet war. Trotz dieser Annahme der neuen Sprache sind viele Ausdrücke aus dem täglichen Leben sowie Örtlichkeitsnamen erhalten geblieben. Dazu kommen unzählige Bräuche, Eigenarten, Neigungen — eben das ganze Erbgut der Rätoromanen, das uns in vielfältiger Weise bei unzähligen Gelegenheiten begegnet. Was den Vinschgau und das Etschtal betrifft, darf man das Ergebnis eine glückliche Mischung nennen, die zu einem anscheinend neuen Menschentyp geführt hat. Häufig ist es nicht einmal eine Mischung, sondern ein Nebeneinander, das nur deshalb so homogen erscheint, weil es durch eine gemeinsame Sprache, ein gemeinsames poli-

112

tisches Schicksal so eng verkettet ist. Doch die dominierenden Grundkomponenten treten immer wieder deutlich zutage. Ohne Prozentzahlen nennen zu wollen oder zu können, darf man sagen, daß ein ganz bedeutender Anteil der meisten Eigenarten typisch rätoromanisch ist.

Die römische Kultur und die italienische Nation

Der andere, große, von Süden wirkende Einfluß war völlig anderer Art. Er begann schon zu einer Zeit — sozusagen als Vorläufer des Nationalismus — zu wirken, als es noch keine italienische Sprache, keine italienische Nation gab. Je schneller wirtschaftliche und technische Entwicklung fortschritten, je besser Verkehrs- und Kommunikationsbedingungen sich entwickelten, desto notwendiger wurde die Schaffung größerer Einheiten. Mit dem Isoliertleben war es zu Ende, die Autarkie kleinster Einheiten war auf viel größere übergegangen. Allein wegen ihrer geographischen Lage waren die Täler auf der Südseite der Ortler-Alpen dem Süden verbunden, doch die ausschlaggebenden Faktoren waren die große kulturelle Anziehungskraft des Südens, Roms, später Italiens und der Wunsch, einer großen Nation anzugehören. So fühlten sich verständlicherweise viele dieser Menschen als Italiener, ohne es sprachlich tatsächlich zu sein. Ihre Sprache näherte und nähert sich der italienischen in vieler Beziehung laufend an, und ganz konsequent mußte ihre alte rätoromanische Sprache immer mehr an Wert verlieren, so daß sie eines Tages nur mehr als italienischer Dialekt gelten konnte, wie das eben heute beispielsweise im ehemals rätoromanischen Nonsberg der Fall ist. Obwohl die stattgefundene Annäherung der rätoromanischen Zweigsprache an das Hochitalienisch seit langer Zeit stattfindet, ist die Einstufung als italienischer Dialekt abwegig. Dieser Eingliederungsprozeß in die italienische Nation und die italienische Sprache verlief sicher nicht geradlinig und nicht ohne Widersprüche und nicht ohne Bedauern über den Verlust der eigenen Sprache. Gerade deshalb war es notwendig, seine Zuverlässigkeit und sein Eintreten für die neue Nation zu betonen. So taucht gerade hier im Sprachgrenzland immer wieder — wie an vielen Sprachgrenzen — das Bestreben auf, öffentlich seine Zugehörigkeit zu einer Seite zu demonstrieren. Als Beispiel soll nur genannt werden, was der Nonsberger Volksdichter Bortolo Sicher in einem seiner Gedichte ausdrückt, nämlich die Betonung der römischen Verwandtschaft und die Behauptung gute Italiener (boni Taliani) zu sein. Er tut das in seiner Sprache, dem »Nónes«, das heute als »dialetto trentino su sfondo ladino« (Trentiner Dialekt auf ladinischer Grundlage) bezeichnet wird.

Obwohl die Italianisierung auf der Südseite der Ortler-Alpen noch nicht in dem Maß zu Ende geführt worden ist wie die Eindeutschung im Norden, scheint sie doch beinahe ebensowenig umkehrbar zu sein. Eine Wiederbelebung der alten Sprache ist kaum mehr zu erwarten, wenn auch in vielen Teilen Europas eine — teils mit nationalistischen Zügen einhergehende — Rückbesinnung auf alte Sprachen eingetreten ist (Okzitanen, Friauler, Ladiner, Bretonen, Katalanen, Basken usw. usw.)

Konsequenzen der Trennung

Die beiden genannten Sprachbewegungen bzw. die heute geltenden unterschwelligen Meinungen haben im Urteil der Öffentlichkeit nicht nur eine feste deutsch-italienische Sprachgrenze (zwischen den Provinzen Bozen und Trient) entstehen lassen, sondern Hand in Hand mit dieser — schon fast richtigen — Ansicht, die Überzeugung, die Unterschiede wären riesig und unübersehbar: Auf der Nordseite wohnen Deutsche, auf der Südseite Italiener. Trotz zahlreicher tatsächlich vorhandener Unterschiede existieren aber mindestens ebenso viele Übereinstimmungen. Wer Vinschgau und Sulzberg vergleicht, wird unmöglich einige ziemlich gleichartige Dorfbilder übersehen können; ich denke z. B. an Tschars und Mestriago (Commezzadura). Da ähneln sich sogar einzelne Häuser, nicht nur das gesamte Dorfbild. Das weist auf Parallelentwicklungen in langen Zeiträumen hin, nicht auf Auseinanderentwicklung! Die alten Namen — soweit nicht im Lauf der Jahrhunderte verändert — sind sehr gleichartig oder mindestens sehr ähnlich.

Doch alle diese Beobachtungen, Erfahrungen und Tatsachen wirken sich heute kaum mehr aus. Sie werden überdeckt von der konsequenten Polarisierung der Südseite auf Italien hin, der Nordseite auf die deutsche Sprache und ihre Verteidigung. Beide Seiten übersehen das Verbindende, aber dem Trennenden wird höchster Wert — sozusagen als Fundierung und Rechtfertigung des eigenen Standpunktes — eingeräumt.

So ist eine klimatische und verkehrsabhängige Entwicklung durch eine politische weitergeführt worden. Aus dem Gebirge, das früher verbunden hat, ist heute eine Trennungswand geworden, die man aus dem engen Blickwinkel des Augenblicks als schon immer vorhanden und — allein deshalb — als unabänderlich betrachtet.

Wie diese Bemerkung über die klimatische und verkehrsabhängige Entwicklung, die durch die politische weitergeführt wurde, zu verstehen ist, zeigen klar einige Blicke in die Geschichte der Bewohner der Ortler-Alpen bis heute.

Von den ersten Zeichen menschlicher Anwesenheit bis heute

Wie bei den meisten entlegenen und schwierig zu erreichenden Gegenden, zu denen natürlich auch das Hochgebirge der Ortler-Alpen mit seinen Grenztälern gehört, lassen sich erst verhältnismäßig spät Nachweise für die menschliche Besiedlung erbringen. Trotzdem reichen die Funde bis in die Jungsteinzeit zurück, aus der die Steinkistengräber von Eppan stammen und auch die steinernen Lochäxte, die man im Vinschgau gefunden hat. Welche Völker damals in diesen Tälern und wohl in gleichem Ausmaß auch auf den Höhen — die Täler waren meist versumpft — gelebt haben, wird vielleicht nie festgestellt werden. Häufig werden die Menschen, die uns die ältesten Funde hinterlassen haben, als Illyrer bezeichnet. Andere Forscher halten es für möglich, daß es Ligurer waren, jenes mehr als sagenhafte Volk, das von Grie-

---

Über Ossana mit seiner uralten Ruine geht hier der Blick über das Peio-Tal zu den Bergriesen C. Taviela und M. Vioz.

chenland oder Afrika über Ligurien in die Alpen gekommen war und die Alpwirtschaft begründet oder mitgebracht hatte. Verschiedene typische Steinsäu-
len, die Menhire, welche im Etschtal gefunden wurden, und die es auch in
den Südwestalpen wie in Teilen von Frankreich gibt, scheinen darauf hinzu-
weisen. Vielleicht sind auch die Illyrer erst nach den Ligurern von Norden
hier eingedrungen, später die Kelten von Westen. Dafür, daß auch Etrusker
hiergewesen sein müssen, spricht ein im Obervinschgau gefundener etruski-
scher Bronzehelm.

Die Beweise menschlicher Anwesenheit aus der Bronzezeit sind viel zahlreicher und erstrecken sich schon auf alle Täler um die Ortler-Alpen herum. So
weit war also der Mensch schon in die rauhen Berge vorgedrungen, und hatte nicht nur Täler, sondern auch schon höhere Hänge in Besitz genommen,
wie Funde — vor allem bronzene Lanzenspitzen und Äxte — in größeren Höhen besonders im Vinschgau vermuten lassen. Im Nonsberg dürften zu dieser
Zeit die keramischen Stücke von Sanzeno entstanden sein.

Die Räter, die ersten Dauerbewohner der Ortler-Alpen

Wie die Begegnungen zwischen den verschiedenen Völkern oder Stämmen
verlaufen sind, ob friedlich oder blutig, wissen wir nicht. Tatsache scheint es
zu sein, daß um die Zeitenwende eine — wenigstens oberflächliche — Homo-
genisierung der Menschen dieses Gebietes stattgefunden hatte. Sogar eine
Schrift war schon vorhanden, die rätische oder nordetruskische Schrift mit
dem sogenannten Bozener Alphabeth. Nach diesem Alphabeth konnte man
die Inschrift des berühmten Hirschhorns vom Tartscher Bühel im Obervinschgau entziffern.

Die Bewohner von Vinschgau, Etschtal, Nonsberg, Sulzberg, Valcamonica und
Veltlin scheinen vorwiegend in sogenannten Wallburgen, Siedlungen mit kon-
zentrischen Steinwällen, gelebt zu haben, wie sie gerade in Südtirol in sehr
großer Zahl bis in größere Höhen festgestellt worden sind. Wahrscheinlich
müssen wir uns die Besiedlung der Alpen völlig anders vorstellen, als es unserer durch das Aussehen der Landschaft und die Verkehrsgegebenheiten
von heute geprägten Meinung entspricht. Während die Talgründe meist versumpft, von Unterholz und Urwald bestanden waren und gefährliche Engstel-
len aufwiesen, waren höhere Lagen — besonders die durch Gletscher entstan-
denen Mittelgebirge — leichter zu überwinden. So folgten viele Wege nicht
den Flüssen, sondern hielten sich an die Höhen. Relativ am besten war die
Begehbarkeit über der Baumgrenze, was die Neigungen der Menschen frühe-
rer Zeiten zu höheren Lagen erklärt, wozu natürlich auch die geringere Ausdehnung der Gletscher beigetragen hat. Das heißt, daß vor 2000 bis 3000 Jahren die Wege — mindestens die lokaler Bedeutung in den Gebirgen — in
weit größeren Höhen als heute und über Berge und Jöcher gegangen sind.

Den Römern, die kurz vor der Zeitenwende auf die Alpenbewohner stießen,
dürften die Unterschiede zwischen den einzelnen hier ansässigen Stämmen
nicht wesentlich erschienen sein, denn sie nannten alle »Räter«. Das mag
zum Teil eine bequeme Maßnahme gewesen sein, aber sicher nicht ohne eine
gewisse Berechtigung. Denn Sprachforschungen haben die nahe Verwandt-

schaft aller von den Römern als Räter bezeichneten Völker erwiesen, deren Sprachen heute alle — sofern sie noch lebendig sind — zu den westromanischen gezählt werden, während italienisch eine ostromanische Sprache ist. Deshalb wird auch das »gallische Element« der rätoromanischen Sprachen betont.

Diese Räter, die vor 2000 Jahren die Ränder der Ortler-Alpen bewohnten, hatten zweifellos eine eigenständige Kultur, die freilich den Römern nicht allzusehr imponieren konnte. So schreibt Plinius von den Anauni, den Bewohnern des Nonsbergs: »Ein rätisches Volk, in multas civitates divisa (in mehrere Stämme geteilt), mit eigener Sprache und primitivem Gemeinschaftsleben«.

Im Rahmen der römischen Expansionspläne des Kaisers Augustus mußten die Räter unterworfen werden, was auch im Rätischen Krieg erreicht wurde. Obwohl viele Forscher von einer Räterschlacht schreiben, die das Schicksal der Räter besiegelt haben soll, spricht viel dafür, daß es eher ein jahrzehntelanges Niederkämpfen der Wallburgenbewohner war, vielleicht sogar nur eine teilweise unblutige Unterwerfung.

In den folgenden Jahrzehnten nahmen die Räter teilweise die römische Sprache an und formten so die rätoromanische Sprache, die natürlich auf Grund der verschiedenen Vorgängersprachen auch verschieden ausfiel. Römische Verwaltung, Kultur und Zivilisation dürften zu großen Fortschritten auf vielen Gebieten geführt haben. Außerdem hatten die Römer mit dem Straßenbau weitere Vorteile auch für die Bewohner gebracht. Mit Sicherheit dürfte sich das Verhältnis zwischen Römern und Rätern rasch gebessert haben. Immerhin gewährte Kaiser Claudius den Anauni und anderen Stämmen schon im Jahr 46 n. Chr. das römische Bürgerrecht. Das war sicher für beide Teile von Vorteil. Die Römer hatten so die Unterworfenen zu neuen Bundesgenossen gemacht, und die Räter fühlten sich bevorzugt vor anderen — vor allem wurden sie nicht mehr zu den Barbaren gezählt, was früher wie heute nicht gerade eine Ehre bedeutete.

Jedenfalls entstanden entlang der römischen Straßen und häufig sicher auch auf dem Boden alter Wallburgen neue Siedlungen, so zum Beispiel Pons Drusi, ein Vorläufer Bozens, oder Castrum Maiense (Mais bzw. Meran) und viele andere. Eine Reihe von Burgen wurde gegründet, unter anderem Ossana im Sulzberg, das durch die Franken im Jahr 590 zum ersten Mal zerstört wurde, ähnlich wie weitere Kastelle im Etschtal, die Paulus Diaconus nennt. In dieser Zeit relativer Ruhe nahm der Handel großen Aufschwung, so daß alle Handelswege, auch die über die hohen Jöcher der Ortler-Alpen hinweg, rege benutzt wurden. Einer der höchsten war der Wormsionsteig, der über das Stilfser Joch führte und zweifellos überregionale Bedeutung besaß. Verschiedene Sagen lassen vermuten, daß wahrscheinlich seit langer Zeit ein reger Verkehr über viele Pässe bestand. Neben dem Tonale war der Montozzo-Paß begangen, und der Sforzellina-Paß (heute kaum einmal betreten) stellte eine vielbenutzte Verbindung von Peio bzw. Sulzberg mit Bormio und dem Veltlin her. Zwischen Martell- und Peio-Tal war die Fürkelescharte ein relativ bequemer Übergang, und es ist sogar möglich, daß das früher vom Etschtal nur schwer erreichbare Ultental über das Rabbi-Joch erstmals besiedelt wurde. So dürften die Kämme und Jöcher der Ortler-Alpen — im Vergleich mit heute — stark begangen gewesen sein, was den nachbarlichen Beziehungen sehr zu-

gutegekommen sein muß und vielleicht auch Verwandtschaften hat entstehen oder aufrechterhalten lassen. An diese und spätere Zeiten einer gletscherarmen Hochregion erinnern Sagen und Überlieferungen. Auch der noch nicht geklärte Name Ultenmarktferner unter den Venezia-Spitzen lenkt die Gedanken in dieser Richtung ebenso wie die uralte Bezeichnung »Schön-Blümeltal« für das Martelltal. Konkreter erinnern die Ruinen des »Klösterles« in fast 2500 m Höhe an Zeiten, in denen diese Höhen wenn auch nicht bewohnt, so doch häufig begangen worden waren.

Die religiöse Fortentwicklung brachte anfangs wohl nur Umbenennungen alter Götter, die römische Namen erhielten, wobei die alten Grundanschauungen erhalten blieben. Im Nonsberg herrschte z. B. ein Saturn-Kult. Später folgte die Christianisierung, im Vinschgau von Chur her durch den heiligen Valentin und irische Mönche. Etschtal, Nonstal und Sulzberg dagegen wurden von Süden missioniert, wobei mehrere Missionare sowie Vigilius, Bischof von Trient, von »Heiden« im Nonsberg bzw. Rendena-Tal getötet wurden.

Die römische Herrschaft wurde von der ostgotischen und später der langobardischen abgelöst, die beide anscheinend weniger staatlichen Druck ausübten als die Römer. Die schon in der römischen Zeit vollzogene Trennung Rätiens wirkte sich für die Bewohner der Ortler-Alpen wahrscheinlich erst aus, als sich die Franken Chur mit dem Vinschgau einverleibten und dabei mit den Langobarden in Konflikt kamen, welche den Südteil des Gebietes besaßen. Bis zu dieser Zeit hatten die Räter Gelegenheit, sich fast ungestört zu entwickeln — auf jeden Fall im Gebiet der Ortler-Alpen, wodurch ihre Homogenität sicher stark gefördert wurde.

Das geschlossene Siedlungsbild der Räter wird unterbrochen

Die erste wesentliche Änderung brachten die Bajuwaren. Sie kamen bis Bozen, drängten die Langobarden zurück und nahmen das Land in Besitz, das noch keinem gehörte. Das war möglicherweise ganz neu, denn fast immer hatte sich der Sieger das beste genommen und die bisherigen Besitzer getötet oder vertrieben. Die Bajuwaren ließen die ansässigen Räter dagegen in Frieden. So wurde hier eine Entwicklung eingeleitet, die — in erster Linie wegen ihrer Friedfertigkeit — den Boden für eine Eindeutschung der Rätoromanen bereitete. Daß es so gewesen sein muß, darauf weist die Namensverteilung hin und die auch heute gelegentlich noch erkenntliche Verteilung der Nachkommen von Rätoromanen und Bajuwaren.

Um das Jahr 1000 war das gesamte Gebiet der Ortler-Alpen sprachlich noch rätoromanisch, bis auf das Etschtal und den Untervinschgau, die teilweise von Bajuwaren besiedelt waren. Lediglich der äußerste Südwesten (Valcamonica und mittleres Veltlin) begann sich aus Gründen der Nachbarschaft der lombardischen Sprache — übrigens auch eine westromanische Sprache — anzunähern. Aber man darf vermuten, daß noch sicher 95% der Bewohner der

Zu den bekanntesten Besonderheiten der Ortler-Alpen gehört die schon 1825 als österr. Militärstraße in die Lombardei erbaute Stilfser-Joch-Straße, die auch heute noch die zweithöchste Paßstraße der Alpen ist.

Ortler-Alpen und ihrer Ränder die alte Sprache bzw. deren Zweige sprachen. Was mit der bajuwarischen Landnahme begonnen hatte, setzte sich nach der Jahrtausendwende in einer Weise fort, die man nicht wird tadeln können, da die Menschenrechte keineswegs mit Füßen getreten, ja vielleicht nicht einmal verletzt wurden. Trotzdem ergab sich daraus das allmähliche Absterben des Teiles einer Völkerfamilie, teils durch Erlöschen der eigenen Sprache und Annahme einer anderen, teils durch Annahme einer anderen als übergeordnete Hochsprache.

Im Bereich des Vinschgaues wirkte sich sprachlich die Eingliederung in das Herzogtum Schwaben und die allmähliche weltliche Entfernung von Churrätien aus. Das Kloster Marienberg hatte zusätzlich maßgeblichen Anteil an der Eindeutschung des Obervinschgaues, wozu auch noch alemannische Einwanderer aus Schwaben und möglicherweise auch Walser kamen. Allerdings war das ein Prozeß, der etwa 600 Jahre in Anspruch genommen hat. Soviel Zeit und Geduld bringen chauvinistische Sprachveränderer unseres Jahrhunderts nicht mehr auf, was sich in der Unmenschlichkeit der Maßnahmen in schlimmsten Dimensionen erweist. So betrachtet scheint uns die Eindeutschung der rätoromanischen Bewohner des Vinschgaues nicht nur sehr schonend, sondern auch wohl ohne höheren Plan und gewollte Absicht erfolgt zu sein. Es muß eben jener — so oft willkürlich beschworene — Lauf der Geschichte, der Entwicklung gewesen sein, der eine Sprache hat erlöschen lassen bzw. noch erlöschen läßt und dem Gebiet der Ortler-Alpen dafür zwei neue Sprachen beschert hat.

Ähnlich wie die Entwicklung ohne Druck, ja sogar ohne rechte Absicht, im Südtiroler Gebiet abgelaufen ist, war es im Süden — im Gebiet der Provinzen Trient, Brescia und Sondrio unserer Tage — fast ebenso. Fast unmerklich, aber eigentlich ganz selbstverständlich erfolgte eine Polarisierung nach Süden, wobei eine sprachliche Angleichung nicht zu vermeiden war.

Es erscheint interessant, daß die Bewohner des Valcamonica und des Veltlins ihre Sprache innerhalb von tausend Jahren sogar zweimal ändern bzw. abwandeln mußten. Vom alten rätischen Sprachzweig erfolgte eine Annäherung an das Lombardische, einer nahe verwandten Sprache, die in den unteren Tälern und in der Ebene gesprochen wurde. Das war unvermeidlich, da die Verbindungen talaus stetig verbessert wurden, jene über die Jöcher aber — vor allem wegen des Gletschervorstoßes und der allgemeinen Abkühlung — zuerst schwieriger und immer seltener begangen wurden und schließlich in Vergessenheit gerieten. Weiter wurden nach der Gründung Italiens die Hochsprache — vorwiegend begeistert — als eigene Hochsprache anerkannt. Daran waren vielerlei Motive — nicht nur nationalistische — beteiligt. Daß diese sprachliche Entwicklung sehr stark durch politische Verhältnisse und Bindungen begünstigt wurde, ist für das Valcamonica wie für das Veltlin verständlich, da beide — abgesehen von zeitlichen Unterbrechungen — immer zur Lombardei gehörten. Die längere Zugehörigkeit zu Graubünden und zu Österreich hat diesen Prozeß nicht behindert.

In Nonsberg und Sulzberg traten Einflüsse des Südens in sprachlicher Hinsicht etwas später auf, vor allem aus zwei Gründen: Einmal war es die relative Abgeschlossenheit von der Lombardei, die nur über hohe Pässe zu erreichen war, und im Süden die relativ große Entfernung zu Gegenden, die nicht rätoromanisch sprachen. Denn auch das obere Sarca-Tal hat seine alte rätoromanische Sprache lange Zeit erhalten. Die beiden Täler waren auf Trient ausgerichtet, von wo eine sprachliche Beeinflussung erst in neuester Zeit — seit etwa 150 Jahren — ausging. So besitzt der Nonsberg auch heute noch eine eigene Sprache, das »Nónes«.

Der andere Faktor war die Zugehörigkeit zum Fürstbistum Trient und damit zum Deutschen Reich, später zu Österreich-Ungarn, was zwar keine germanisierende Wirkung bedeutete — dazu war die nur teilweise deutsche Adels- und Beamtenschicht viel zu dünn — aber eben auch die Einflußnahme von Süden gering hielt. Erst die Zeit des »Risorgimento« (ital. Einigungsbestrebung) brachte die Entscheidung der Bewohner von Nonsberg und Sulzberg für die italienische Hochsprache und damit wohl endgültig für den Süden, die durch die Folgen des 1. Weltkriegs gefestigt wurde.

Zweifellos war auch schon vorher eine gewisse Entfremdung zwischen den Bewohnern der Nord- und Südseite der Ortler-Alpen eingetreten, aber das blieb in den üblichen Dimensionen nachbarlicher Beurteilungen, wie sie eben überall üblich sind. Lediglich die seit 1859 zum Ausland gewordenen Täler Veltlin und Valcamonica waren so ferngerückt, wie die dazwischenliegenden Berge hoch aufragen. Nonsberg und Sulzberg dagegen blieben bei Österreich, waren sogar Teile von Tirol, so daß die Nachbarschaft mit dem deutschsprachigen Teil kaum irgendwelche Probleme aufwies; Streit entzündete sich nur in der Intelligenz (C. Battisti). Das war auch historisch durch verschiedene Gemeinsamkeiten verständlich. So konnte auch ein stetiger Austausch von Menschen und Werten stattfinden. Davon erzählen Kunstwerke auf beiden Seiten und deutsche Namen im Nonsberg. Umgekehrt ist das deshalb nicht möglich, weil rätoromanische Namen (auch italienisierte) in Südtirol sowieso häufig vorkommen und deshalb etwa aus dem Nonsberg stammende Namen kaum zu erkennen sind.

Nach dem Ersten Weltkrieg änderte sich dieser Zustand. Man war zwar im gleichen Staatsverband, vorher in Österreich, jetzt in Italien — aber die Angehörigen der deutschen Sprache fühlten sich als ungerecht Annektierte, die anderen als Staatsvolk — anfangs vielleicht mit kleinen Einschränkungen. Die für Südtirol schlimme Zeit zwischen den beiden Weltkriegen bedarf keiner näheren Beschreibung, sie ist bekannt genug. Sie hat zwar die Beziehungen nicht verfallen lassen, aber eine »härtere Polarisierung« war unausbleiblich.

Das Ende des Zweiten Weltkrieges brachte keine Lösung der Sprachprobleme, dafür neue Enttäuschungen, die in weiten Kreisen für noch stärkere Abgrenzung gegeneinander sorgten. Aus kleinsten oder auch größeren Äußerungen war der Graben zu spüren, der so jung und eigentlich so unbegründet war. Eine Geschichte aus jüngerer Zeit zeigt in erschütternder Weise diese Umstände und wirkt beinahe wie ein biblisches Gleichnis: Als in der Zeit größter Enttäuschung der Südtiroler über Nichtausführung bzw. Hinauszögerung der Autonomiebestimmungen die Ultner auf der Ilmenspitze die Grenze »gegen Italien« rot markiert hatten, bauten die Bewohner von Rumo einen Tabernakel mit der »Madonna delle Nevi (Maria vom Schnee) — und ließen sie nach Süden schauen. Die Ultner setzten dem ein Kreuz entgegen, das

nach Norden gerichtet war. Das ist etwa vor einem Vierteljahrhundert geschehen, zwischen Bewohnern zweier Täler, die vor kurzem noch Beziehungen zueinander hatten (Besuch über die Berge an Festtagen), in der Nähe einer Stelle, wo auf einem Grenzstein vom Anfang des 19. Jahrhunderts im Süden I (Italien), im Norden B (Bayern) steht.

Wenn wir es in unseren Jahrzehnten miterleben, wie im Bereich der Ortler-Alpen eine alte Sprache sich verliert, wie sie abstirbt, dann erinnert das an aussterbende Tier- und Pflanzenarten, die — selbst wenn sie keine sichtbare Lücke hinterlassen — dem gesamten Gleichgewicht eben doch irgendwie fehlen. Man mag diesen Vergleich für die Sprachen als abwegig ansehen. Trotzdem darf man vermuten, daß die rätoromanische Sprache und ein entsprechendes Volkstum ein wertvolles Zwischenglied zwischen deutsch und italienisch gewesen wären. Wie viele aus dem Nationalismus erwachsende Schmerzen, wieviel persönliches Unglück hätte ein solches interethnisches Gefüge lindern können?

Der Stilfser-Joch-Nationalpark

Bereits im Jahr 1935 wurde dieser Naturschutzpark gegründet, der dem Ziel der Erhaltung der hier lebenden Pflanzen und Tiere und dem Schutz der gesamten Landschaft vor schädigenden menschlichen Eingriffen dienen soll. Ein hohes und anstrebenswertes Ziel, dem die Unterstützung aller gehören sollte!

Von kleinen Anfängen — nicht von den Ausmaßen, sondern von den notwendigen Kompetenzen her — hat sich die Nationalpark-Verwaltung zu einer großen Organisation entwickelt. Ihre Bemühungen haben zweifellos sehr viel Positives in die Wege geleitet.

Der Stilfser-Joch-Nationalpark liegt mit 53.000 ha auf Südtiroler Gebiet, mit 22.000 ha in der Provinz Sondrio und mit 19.000 ha in der Provinz Trient und umfaßt die höchsten Gebiete der Ortler-Alpen; der Name ist also nicht ganz glücklich gewählt.

In einem Gebiet von fast 1000 qkm Größe konnte die Vermarktung der Bergnatur zwar nicht ganz verhindert, aber doch wenigstens sehr verlangsamt werden. Dagegen laufen verschiedene Anlieger Sturm, die Mitspracherecht im Interesse eigener Gewinne und eigener Bequemlichkeit und sogar Schadenersatz für entgangenen Gewinn fordern.

Das ist sicher zu verstehen, wenn man weiß, daß die »kleinen Anlieger« sich den im Interesse der Natur nötigen Einschränkungen fügen müssen, aber »größere Interessen« wie Kraftwerksbauten usw. mit fast 4% der Gesamtfläche nicht davon berührt werden.

Nach dem starken Rückgang fast aller Wildarten überall in den Ortler-Alpen erscheint es weiten Kreisen als großer Erfolg, daß jetzt wieder 600 Hirsche

Knapp neben dem für den Fremdenverkehr voll erschlossenen Gebiet um das Stilfser Joch beginnen die zerrissenen Gletscher und die unberührte Natur des Hochgebirges, in die nur die Bergfreunde vordringen.

und 10.000 Rehe im Stilfser-Joch-Nationalpark leben. Ob so große Zahlen für das Hochgebirge angemessen sind, oder nur durch Förderung durch den Menschen erzielt wurden und damit wieder eine Störung des Gleichgewichts bedeuten, werden vielleicht erst die Erkenntnisse der Zukunft erweisen. Schließlich ist es hier — wie bei anderen sogenannten Naturparks — sehr bedenklich, daß der Naturschutz von vielen Seiten nur deshalb toleriert wird, weil man mit ihm für den Fremdenverkehr werben kann. So geht es aber in den meisten Naturparks Europas. Sie sind alle Kompromisse.

Wir müssen uns bemühen, das Gute an solchen Einrichtungen zu sehen — und das ist die großartige Natur, wenigstens dort, wo sie echte Natur geblieben ist. Und die gibt es in den Ortler-Alpen und auch im Stilfser-Joch-Nationalpark noch genug. Hoffen wir, daß es so bleiben möge! Es scheint nur, daß die »Schaffung« von Parkplätzen und Wanderwegen nicht die geeignete Möglichkeit ist, eine Naturlandschaft natürlich zu erhalten. Und wenn einer der Repräsentanten dieser Organisation sich über die »an Zufahrtsstraßen zum Glück reiche Gebirgsgegend« freut und Kraftwerke in die gleiche Ebene stellt wie Bergweiden, Fluren und fischreiche Seen, dann kommt dem wirklichen Freund der Natur das Grausen.

Der Stilfser-Joch-Nationalpark ist ein Anfang, dem eine Fortentwicklung in bester Weise zu wünschen ist!

Empfehlenswerte Literatur über das Gebiet der Ortler-Alpen

Gamper/Marsoner: Ultental, Athesia, Bozen 1978, 2. Auflage

Gorfer, Aldo: Le valli del Trentino — Trentino occidentale, Manfrini, Calliano 1975, 2. Auflage

Hochtourist, Der, in den Ostalpen: Bibliographisches Institut, Leipzig 1930, 5. Auflage

Köll, Lois: Führer durch die Ortlergruppe, Bergverlag Rother, München, 1974, 4. Aufl.

Langes, Gunther: Burggrafenamt und Meran, Athesia, Bozen 1978, 4. Auflage

Langes, Gunther: Überetsch und Bozner Unterland, Athesia, Bozen 1977, 3. Auflage

Menara/Rampold: Südtiroler Bergseen, Athesia, Bozen 1976, 2. Auflage

Rampold, Josef: Bozen, Salten, Sarntal, Ritten, Eggental, Athesia, Bozen 1979, 3. Auflage

Rampold, Josef: Vinschgau, Landschaft und Gegenwart am Überlauf der Etsch, Athesia, Bozen 1977, 3. Auflage

Scrinzi, Gino: Begegnung mit dem Trentino, Manfrini, Calliano 1977, 2. Auflage

Tomasi, Gino: Trentiner Seen, Assessorat für Fremdenverkehr Trient 1977,

Wielander, Hans: Latsch-Goldrain-Morter-Martell, Athesia, Bozen 1975

Die Bilder stammen von folgenden Autoren:

S. 16/17 Tappeiner, Meran

S. 37 Zengerle, München

S. 57 Wagner, Graz

S. 61 Steinbichler, Hittenkirchen

S. 75 Wagner, Graz

S. 105 Tappeiner, Meran.

Alle anderen Bilder stammen vom Verfasser.

Die Kartenskizze zeichnete Walter Höhne

Bild auf Doppelseite 126/127: Über dem Suldental breitet sich die unglaublich wilde Moränen-, Fels- und Eiswildnis des Königs Ortler aus — ein Bild, dessen Gewalt im Herbst nur durch die leuchtenden Farben der Lärchen gemildert wird.

Inhalt